E. SIEURIN

Cartes d'Étude

pour servir

à l'Enseignement de la Géographie

GÉOGRAPHIE GÉNÉRALE
ASIE, OCÉANIE, AFRIQUE, AMÉRIQUE

Quatrième édition
CORRIGÉE ET AUGMENTÉE DE DEUX CARTES

MASSON ET Cie, ÉDITEURS

4º G
785

CARTES D'ÉTUDE

GÉOGRAPHIE GÉNÉRALE
ASIE, OCÉANIE, AFRIQUE, AMÉRIQUE

Les **CARTES D'ÉTUDE** forment trois parties :

Première partie :

La France (*Cinquième édition*) : 40 feuilles (240 cartes et cartons dont voici le détail) :

1. Situation de la France dans le monde. — 2. France géologique. — 3. France orographique. — 4. Les Alpes. — 5. Principaux passages des Alpes. — 6. Le Jura, les Vosges et le Morvan. — 7. Massif central. - 8. Les Pyrénées. — 9. Régions climatériques, pluies, lignes isothermes. — 10. France hydrographique. — 11. Tributaires de la mer du Nord, la Seine et ses affluents. — 12. La Loire et ses affluents. Les fleuves bretons. — 13. La Garonne et ses affluents. L'Adour. — 14. Le Rhône et ses affluents. Les fleuves côtiers méditerranéens. — 15. France limnologique. — 16, 17, 18, 19. La côte française. — 20. France économique. — 21. France économique (*Suite*). — 22. Chemins de fer. — 23. Canaux et voies navigables. — 24. France historique. Carte d'ensemble. — 25. France politique. Départements et anciennes provinces. — 26. France politique. Ire région. — 27. IIe région. — 28. IIIe, IVe régions. — 29. V^e, VIe régions. — 30. VIIe région. — 31. VIIIe région. - 32. France administrative. — 33. France universitaire. — 34. Défense du territoire. Frontière belge et frontière allemande. — 35. Défense du territoire. Frontière des Alpes et frontière des Pyrénées. — 36. Maroc, Algérie-Tunisie (carte physique et carte politique). — 37. Zone saharienne réservée à l'influence française, Soudan français (carte physique). Sénégal, Rivières du sud, Côtes de Guinée, Pays du Niger, Sénégal et Soudan français (carte physique). Gabon et Congo français. — 38. Madagascar. Possessions françaises de l'Indo-Chine. Tonkin, Cochinchine. — 39. La Guyane française. Terre-Neuve, St-Pierre et Miquelon, Martinique, Guadeloupe, Nouvelle-Calédonie, Autres Colonies de l'Océanie. — 40. Madagascar.

1 vol. in-4, cartonné, dos vert... **1 80**

Deuxième partie :

L'Europe (*Troisième édition*) : 31 feuilles (130 cartes et cartons) :

1. Situation de l'Europe dans le monde. — 2. Europe géologique (carte d'ensemble). — 3. Europe physique (carte d'ensemble). — 4. Europe climatérique. — 5. Europe ethnographique. — 6. Europe politique (carte d'ensemble). — 7. La Méditerranée. — 8. Les Alpes. — 9. Le Rhin. — 10. Le Danube. — 11. Iles Britanniques (carte d'ensemble). — 12. Iles Britanniques (carte physique). — 13. Belgique et Hollande. — 14. Belgique et Hollande (carte politique). — 15. Scandinavie (carte physique). — 16. Scandinavie (carte politique). — 17. Russie physique. — 18. Russie politique et économique. — 19. Autriche-Hongrie (carte physique). — 20. Autriche-Hongrie (carte politique). — 21. Allemagne physique. — 22. Allemagne politique. — 23. Suisse physique. — 24. Suisse politique. — 25. Espagne et Portugal. — 26. Espagne et Portugal (carte politique). — 27. Italie physique. — 28. Italie politique. — 29. Péninsule des Balkans (carte physique). — 30. Péninsule des Balkans (carte politique). — 31. La Grèce.

1 vol. in-4, cartonné, dos bistre.. **1 80**

Troisième partie :

Géographie générale : Asie, Océanie, Afrique, Amérique (*Quatrième édition*) : 52 feuilles (250 cartes et cartons) :

1 et 2. Notions de cosmographie. — 3. Les mers. — 4. Les continents. — 5. Le relief terrestre. — 6. Les eaux douces (fleuves-lacs). — 7. Les côtes. — 8 et 9. L'atmosphère. — 10. Principales productions du sol. — 11. Ethnographie. — 12. Asie physique. — 13. Asie politique. — 14. Sibérie, Turkestan. — 15. Iran, Arménie, pays du Caucase. — 16. Asie-Mineure. — 17. Mésopotamie, Syrie, Arabie. — 18. Inde physique. — 19. Inde politique et économique. — 20. Asie centrale. — 21. Chine. — 22. Indo-Chine. — 23. Japon et Corée. — 24. Océanie (carte générale). Nouvelle-Zélande et Nouvelle-Guinée. — 25. Australie. — 26. Indes Neerlaudaises, Philippines. — 27. Polynésie. — 28. Afrique physique. — 29. Afrique politique. — 30. Maroc, Algérie, Tunisie. — 31. Côte tripolitaine, Cyrénaïque, Sahara. — 32. Egypte, Nubie, Abyssinie. — 33. Soudan. — 34. Afrique équatoriale. — 35. Afrique équatoriale (*Suite*). — 36. Afrique austral (carte physique). — 37. Afrique australe (carte politique) et Afrique insulaire. — 38. Amérique physique. — 39. Amérique du Nord (politique). — 40. Le Pôle Nord. — 41. Canada. — 42. Etats-Unis (physique). — 43. Etats-Unis (politique et économique). — 44. Mexique et Amérique centrale (physique). — 45. Mexique et Amérique centrale (politique). — 46. Les Antilles. — 47. Amérique du Sud (politique). — 48. Colombie, Venezuela, Guyanes. — 49. Equateur, Pérou, Bolivie. — 50. Brésil. — 51. République Argentine. — 52. Grandes voies de communication du globe.

1 vol. in-4, cartonné, dos bleu, 3e édition.................................. **2 50**

Elles sont en outre vendues reliées en un volume. Prix......................... **6 fr.**

2336-98. — Corbeil, Imprimerie Ed. Crété.

Cartes d'Étude

pour servir à l'enseignement

de la Géographie

PAR MM.

Marcel DUBOIS
PROFESSEUR DE GÉOGRAPHIE COLONIALE A LA FACULTÉ DES LETTRES DE PARIS
MAITRE DE CONFÉRENCES A L'ÉCOLE NORMALE SUPÉRIEURE DE JEUNES FILLES DE SÈVRES

et

E. SIEURIN
PROFESSEUR DE GÉOGRAPHIE AU COLLÈGE DE MELUN

GÉOGRAPHIE GÉNÉRALE
ASIE, OCÉANIE, AFRIQUE, AMÉRIQUE

QUATRIÈME ÉDITION
CORRIGÉE ET AUGMENTÉE DE DEUX CARTES

PARIS

MASSON ET CIE, ÉDITEURS

120, BOULEVARD SAINT-GERMAIN

1899
Tous droits réservés.

ENSEIGNEMENT DE LA GÉOGRAPHIE

Ouvrages de M. Marcel DUBOIS

PROFESSEUR DE GÉOGRAPHIE COLONIALE A LA FACULTÉ DES LETTRES DE PARIS, MAITRE DE CONFÉRENCES A L'ÉCOLE NORMALE SUPÉRIEURE DE JEUNES FILLES DE SÈVRES

Cours normal de Géographie à l'usage des établissements secondaires de jeunes filles et des écoles primaires supérieures. (Collection in-16, cartonné, toile verte.)

PREMIÈRE ANNÉE : **NOTIONS PRÉLIMINAIRES GÉNÉRALES, OCÉANIE, AMÉRIQUE, AFRIQUE.**
1 volume.. 2 fr. 25
DEUXIÈME ANNÉE : **ASIE, EUROPE.** 1 volume.. 2 fr. 25
TROISIÈME ANNÉE : **FRANCE ET COLONIES.** 1 volume.................................. 2 fr. 25

Cours complet de Géographie pour l'enseignement secondaire (Enseignement classique, enseignement moderne).

Collection petit in-8 relié, toile grise, avec figures, cartes et croquis.

Géographie élémentaire des cinq parties du monde, 90 figures, cartes et croquis, avec la collaboration de M. THALAMAS, professeur au lycée d'Angers................. 2 fr.
Géographie élémentaire de la France et de ses colonies. — *Cours élémentaire*, 59 figures, cartes et croquis, avec la collaboration de M. THALAMAS, professeur au lycée d'Angers. 2 fr.
Géographie générale du monde. — Géographie du bassin de la Méditerranée, 71 figures, cartes et croquis, avec la collaboration de M. A. PARMENTIER, professeur au collège Chaptal .... 2 fr.
Géographie de la France et de ses colonies. — *Cours moyen*, 112 figures, cartes et croquis................ 3 fr.

Géographie générale. — Étude du continent américain, 59 cartes et croquis, avec la collaboration de M. Aug. BERNARD, professeur à l'École supérieure des lettres d'Alger. 3 fr.
Afrique, Asie, Océanie, 20 cartes et croquis, avec la collaboration de M. C. MARTIN, professeur agrégé d'histoire et de géographie, et M. H. SCHIRMER, professeur à la Faculté de Lyon. 2ᵉ édition revue et corrigée............... 3 50
Europe, avec la collaboration de MM. P. DURANDIN, professeur agrégé d'histoire et de géographie, et A. MALET, professeur au lycée Voltaire. 2ᵉ édit. revue et corrigée. 5 fr.
Géographie de la France et de ses colonies. — *Cours supérieur*, avec la collaboration de M. F. BENOIT, professeur au lycée de Chartres. 209 figures, cartes et croquis............ 6 fr.

Précis de Géographie à l'usage des candidats à l'École spéciale militaire de Saint-Cyr, avec la collaboration de Camille GUY, professeur agrégé d'histoire et de géographie.

Un volume in-8 de 1209 pages, avec 276 cartes... 12 fr. 50

Ouvrages de MM. Marcel DUBOIS et SIEURIN

Cartes d'Étude pour servir à l'enseignement de la Géographie.

PREMIÈRE PARTIE : **LA FRANCE :** 40 feuilles (240 cartes et cartons). Cinquième édition. 1 volume relié. 1 fr. 80
DEUXIÈME PARTIE : **L'EUROPE :** 29 feuilles (130 cartes et cartons). Troisième édition. 1 volume relié. 1 fr. 80
TROISIÈME PARTIE : **GÉOGRAPHIE GÉNÉRALE : ASIE, OCÉANIE, AFRIQUE, AMÉRIQUE :** 52 feuilles (250 cartes et cartons). Quatrième édition. 1 volume relié.. 2 fr. 50

Nouvelles Cartes d'Étude pour les classes élémentaires.

LES CINQ PARTIES DU MONDE, LA FRANCE. — 26 cartes avec texte explicatif.
1 volume relié.......................... 2 fr. 60

Ouvrage de MM. CORRÉARD et SIEURIN

Cartes d'Étude pour servir à l'enseignement de l'histoire, par F. CORRÉARD, professeur d'histoire au lycée Charlemagne, et E. SIEURIN.

I. **TEMPS MODERNES ET CONTEMPORAINS (1610-1899).** — 1 atlas in-4ᵉ contenant 93 cartes et cartons. Relié... 2 fr.

GÉOGRAPHIE GÉNÉRALE
ASIE, OCÉANIE, AFRIQUE, AMÉRIQUE

DÉTAIL DES CARTES ET DES CARTONS

I. – GÉOGRAPHIE GÉNÉRALE

N° 1. — Notions de Cosmographie.
Les lointaines planètes. — Le voisinage du soleil. — Révolution de la terre autour du soleil. — Zones terrestres. — Marche apparente du soleil. — Le jour et la nuit.

N° 2. — Notions de Cosmographie (suite).
Les éclipses. — Phases de la lune. — Longitude et latitude. — Sphéricité de la terre. — Convexité de la terre. — Échelles.

N° 3. — Les Mers.
Hémisphère continental et hémisphère maritime. — Profondeurs des mers. — Courants maritimes.

N° 4. — Les Continents.
Cartons : Superficie comparée des continents. — Distribution géographique des volcans. — Différentes formes de récifs coralliféres.

N° 5. — Le relief terrestre.
Cartons : Superficie comparée des Pyrénées, des Alpes et des Thian-Chan. — Altitude moyenne des divers continents.

N° 6. — Les eaux courantes et les lacs.
Cartons : Longueur comparée de quelques grands fleuves. — Superficie comparée de quelques grands lacs. — Débit moyen de quelques fleuves.

N° 7. — Les Côtes.
Cartons : Les plus grandes îles. — Côte de la Méditerranée. — Proportion du contour géométrique au contour réel.

N° 8. — L'Atmosphère.
Système général des vents. — Tracé des lignes isothermes.
Cartons : Déviation des alizés. — La mousson d'été.

N° 9. — L'Atmosphère (suite).
Les pluies d'après leur saison. — Les pluies d'après leur quantité.

N° 10. — Productions du globe.
Cartons : Les Zones de végétation. — Principaux pays producteurs.

N° 11. — Ethnographie.
Principales races humaines. — Densité de la population.

TABLE DES CARTES.

II. — ASIE

N° 12. — Asie (carte physique).
Cartons : Superficie comparée de l'Asie et de la France. — Aires de végétation en Asie. — Bassins fermés de l'Asie. — Profil du continent asiatique du nord au sud. — Profil du continent asiatique de l'ouest à l'est.

N° 13. — Asie (carte politique).
Cartons : Races de l'Asie. — Détroit de Bab-el-Mandeb.

N° 14. — Sibérie et Turkestan.
Cartons : Superficie comparée de la France et de la Sibérie. — Carte géologique. — Carte économique. — Turkestan politique. — Plateau de Pamir.

N° 15. — Iran (carte physique et politique).
Cartons : Superficie comparée de la France, de la Perse, de l'Afghanistan, du Béloutchistan. — Arménie et pays du Caucase. — Carte économique de l'Iran. — Carte économique du Caucase.

N° 16. — Asie Mineure.
Cartons : Superficie comparée de l'Asie Mineure et de la France. — Carte géologique. — Carte économique. — Côte occidentale d'Asie Mineure. — Carte d'ensemble des possessions turques en Asie.

N° 17. — Mésopotamie. — Syrie. — Arabie.
Cartons : Carte géologique. — Carte économique. — Côte de Syrie et de Palestine. — Plan de Jérusalem. — Aden.

N° 18. — Inde (carte physique).
Cartons : Superficie comparée de l'Inde et de la France. — Carte géologique. — Carte climatérique. — Coupe de l'Himalaya. — Bombay.

N° 19. — Inde (carte politique).
Cartons : Carte économique. — Zones de végétation de l'Himalaya. — Calcutta.

N° 20. — Asie Centrale.
Cartons : Carte géologique. — Climat et productions. — Routes du Thibet.

N° 21. — Chine.
Cartons : Superficie comparée de la Chine et de la France. — Carte politique. — Carte économique. — Canton. — Ports ouverts aux étrangers.

N° 22. — Indo-Chine.
Cartons : Superficie comparée de l'Indo-Chine et de la France. — Carte géologique. — Carte politique et économique. — Îles Andaman et Nicobar.

N° 23. — Japon et Corée.
Cartons : Superficie comparée du Japon et de la France. — Carte géologique. — Carte économique. — Corée et Golfe de Petchili.

III. — OCÉANIE

N° 24. — Océanie (carte d'ensemble).
Cartons : Superficie comparée. — Lignes isothermes. — Nouvelle-Guinée. — Nouvelle-Zélande.

N° 25. — Australie.
Cartons : Carte géologique. — Carte politique. — Grandes zones de végétation et principales productions. — Sidney.

N° 26. — Indes néerlandaises. — Philippines.
Cartons : Carte géologique. — Carte économique et politique.

N° 27. — Polynésie.
Carton : Îles de la Société.

IV. — AFRIQUE

N° 28. — Afrique physique.
Cartons : Zones de végétation. — Profil de l'Afrique, de Saint-Louis à la baie de Tadjoura.

N° 29. — Afrique politique.
Cartons : Ethnographie. — La région de l'Oubanghi. — Le Cap.

N° 30. — Maroc. — Algérie. — Tunisie.
Cartons : Superficie comparée de la France, du Maroc, de l'Algérie et de la Tunisie. — Carte géologique. — Carte économique. — Carte politique. — Hauteur des pluies.

N° 31. — Côte tripolitaine. — Cyrénaïque. — Sahara.
Cartons : Carte géologique. — Carte économique. — Projets de pénétration au Soudan.

N° 32. — Égypte. — Nubie. — Abyssinie.
Cartons : Superficie comparée. — Carte géologique. — Productions. — Abyssinie. — Delta du Nil et Canal de Suez.

N° 33. — Soudan.
Cartons : Carte physique. — Carte économique. — Carte politique du Soudan français.

N° 34. — Afrique équatoriale.
Cartons : Carte géologique. — Carte politique. — Carte économique.

N° 35. — Afrique équatoriale (suite).
Cartons : Carte géologique. — Carte politique. — Carte économique. — Zanzibar.

N° 36. — Afrique australe (carte physique).
Cartons : Superficie comparée. — Carte géologique. — Carte économique.

N° 37. — Afrique australe (carte politique) et Afrique insulaire.
Cartons : Madagascar. — De Majunga à Tananarive. — Iles Madère et Canaries. — Iles du Cap-Vert. — Iles du golfe de Guinée. — Les îles de l'Océan Indien.

V. — AMÉRIQUE

N° 38. — Amérique (carte physique).
Cartons : Superficie comparée de la France et des deux Amériques. — Pluies. — Langues. — Peuplement de l'Amérique. — Forme de l'Océan d'après Colomb (Globe de Behaim).

N° 39. — Amérique du Nord politique.
Cartons : La Région du Klondyke.

N° 40. — Le Pôle Nord.

N° 41. — Canada (carte physique et politique).
Cartons : Superficie comparée du Canada et de la France. — Carte géologique. — Répartition des races. — Progrès des Français et des Anglais. — Carte économique. — Les pluies. — Superficie comparée des grands lacs et de la France. — Banc de Terre-Neuve. — Amérique du Nord politique (carte d'ensemble).

N° 42. — États-Unis (carte physique).
Cartons : Carte géologique. — Côte orientale des États-Unis. — Bouches du Mississipi. — Nouvelle-Orléans et ses environs. — Baie de San Francisco. — Territoire d'Alaska.

N° 43. — États-Unis (carte politique).
Cartons : Carte économique. — New-York. — Isothermes de janvier et de juillet. — Accroissement de la population aux États-Unis. — Superficie comparée des États-Unis et de la France.

N° 44. — Mexique et Amérique centrale (carte physique).
Cartons : Superficie comparée de la France, du Mexique et de l'Amérique centrale. — Carte géologique. — Mexico et ses environs. — Isthme de Panama.

N° 45. — Mexique et Amérique centrale (carte politique).
Cartons : Carte économique. — Climats.

N° 46. — Les Antilles.
Cartons : Superficie comparée. — Carte économique. — Méditerranée américaine.

TABLE DES CARTES.

N° 47. — **Amérique du Sud (carte politique).**
Cartons : Caracas et la Guaira. — Le détroit de Magellan et la Terre de Feu.

N° 48. — **Colombie. — Venezuela, Guyanes.**
Cartons : Superficie comparée de la France, de la Colombie, du Venezuela et des Guyanes. — Carte géologique. — Carte politique et économique.

N° 49. — **Équateur. — Pérou. — Bolivie.**
Cartons : Superficie comparée de la France, de l'Équateur, du Pérou et de la Bolivie. — Carte géologique. — Divisions politiques. — Carte économique. — Callao et Lima.

N° 50. — **Brésil.**
Cartons : Superficie comparée de la France et du Brésil. — Carte géologique. — Carte économique. — L'immigration au Brésil. — Compensation des crues de l'Amazone. — Rio de Janeiro.

N° 51. — **Chili. — États de la Plata.**
Cartons : Superficie comparée de la France, du Chili, de la République Argentine, du Paraguay et de l'Uruguay. — Carte géologique. — Carte politique et économique. — Chemin de fer transandin. — Baie de Montevideo.

N° 52. — **Les grandes voies de communication.**
Cartons : Grandes lignes télégraphiques. — Durée de quelques grands trajets.

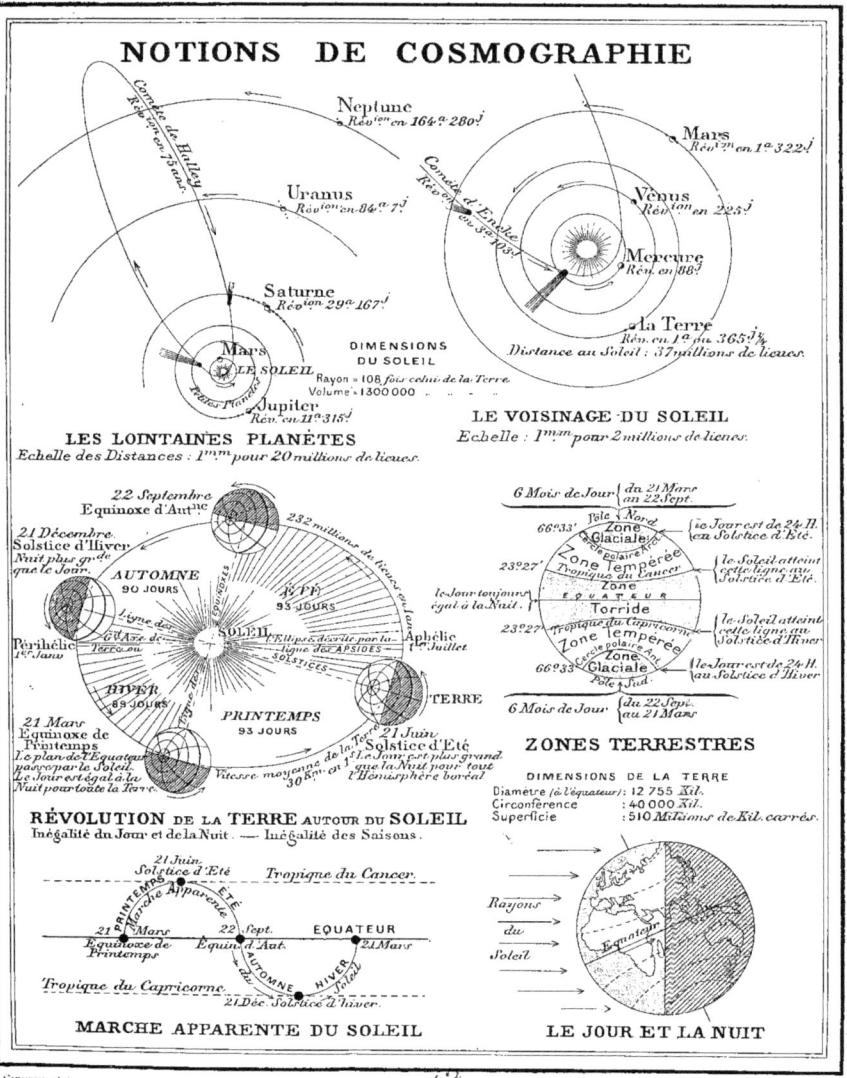

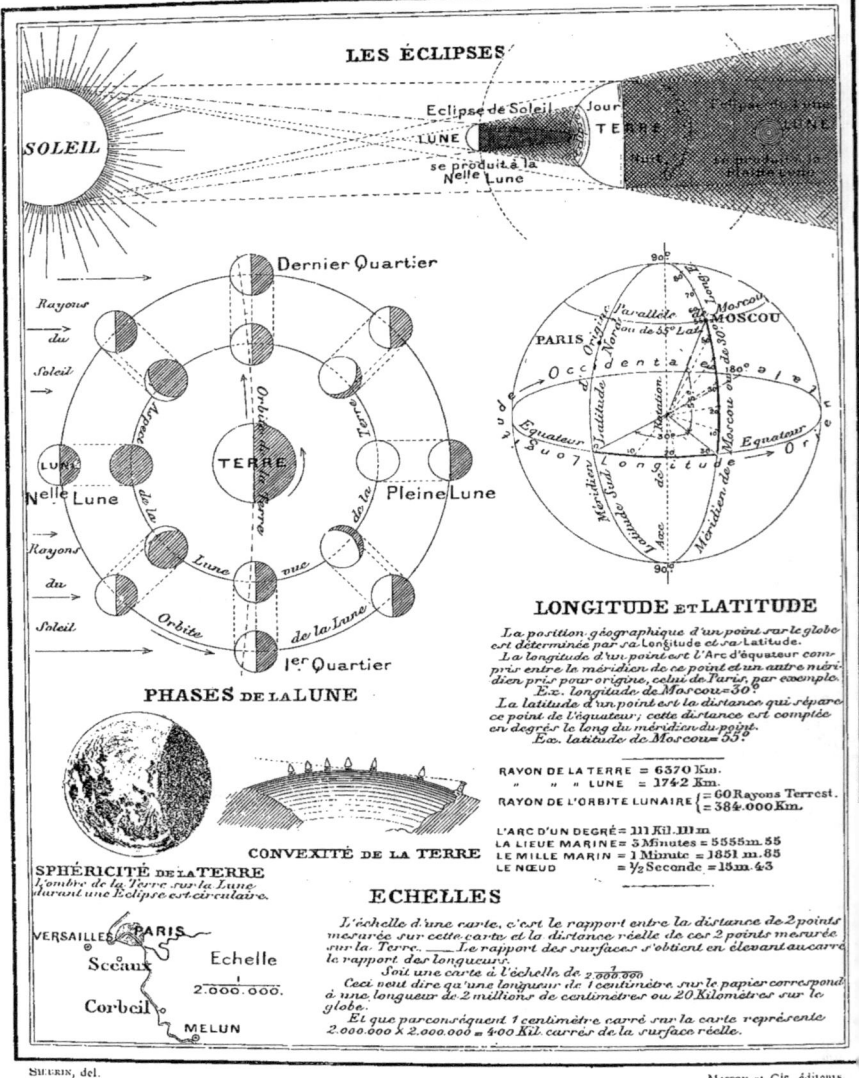

LES MERS

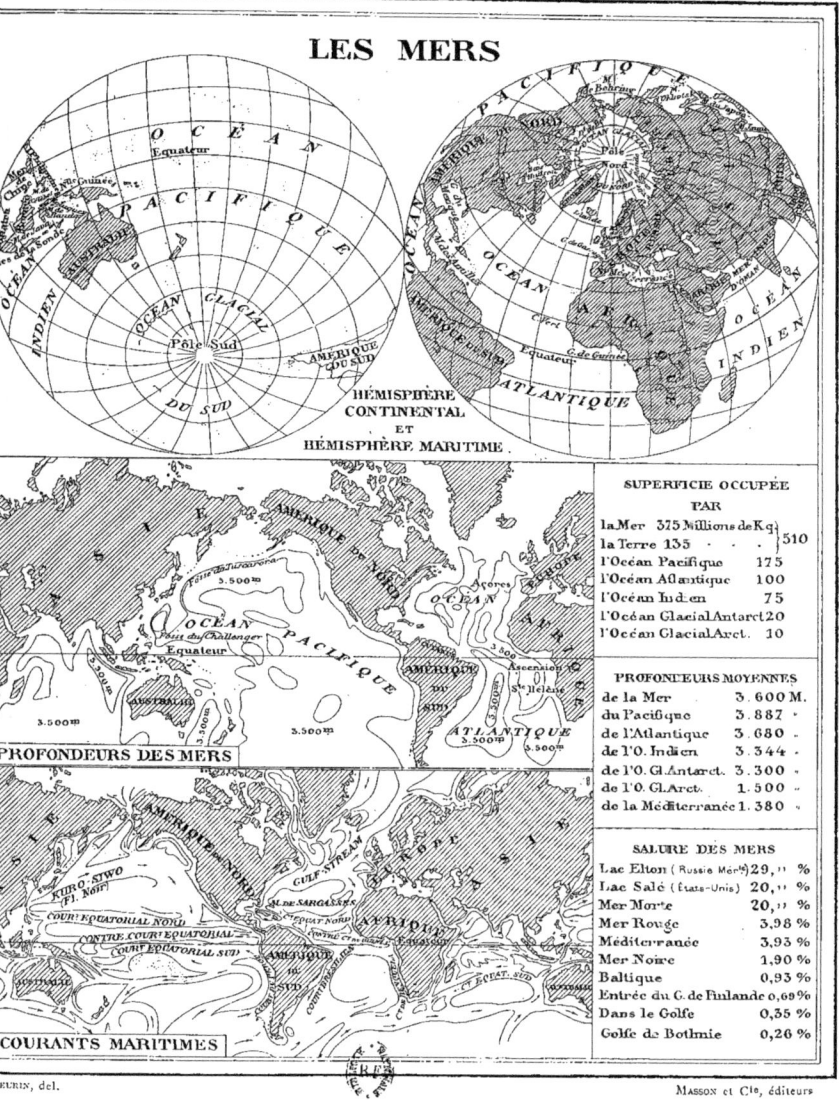

HÉMISPHÈRE CONTINENTAL ET HÉMISPHÈRE MARITIME

PROFONDEURS DES MERS

COURANTS MARITIMES

SUPERFICIE OCCUPÉE PAR
la Mer 375 Millions de K.q.
la Terre 135 . . . } 510
l'Océan Pacifique 175
l'Océan Atlantique 100
l'Océan Indien 75
l'Océan Glacial Antarct. 20
l'Océan Glacial Arct. 10

PROFONDEURS MOYENNES
de la Mer . . 3.600 M.
du Pacifique 3.887 »
de l'Atlantique 3.680 »
de l'O. Indien 3.344 »
de l'O. Gl. Antarct. 3.300 »
de l'O. Gl. Arct. 1.500 »
de la Méditerranée 1.380 »

SALURE DES MERS
Lac Elton (Russie Mér¹ᵉ) 29,'' %
Lac Salé (États-Unis) 20,'' %
Mer Morte 20,'' %
Mer Rouge 3,98 %
Méditerranée 3,93 %
Mer Noire 1,90 %
Baltique 0,93 %
Entrée du G. de Finlande 0,69 %
Dans le Golfe 0,35 %
Golfe de Bothnie 0,26 %

MARCEL DUBOIS et SIEURIN.   CARTE N° 4

LES CONTINENTS

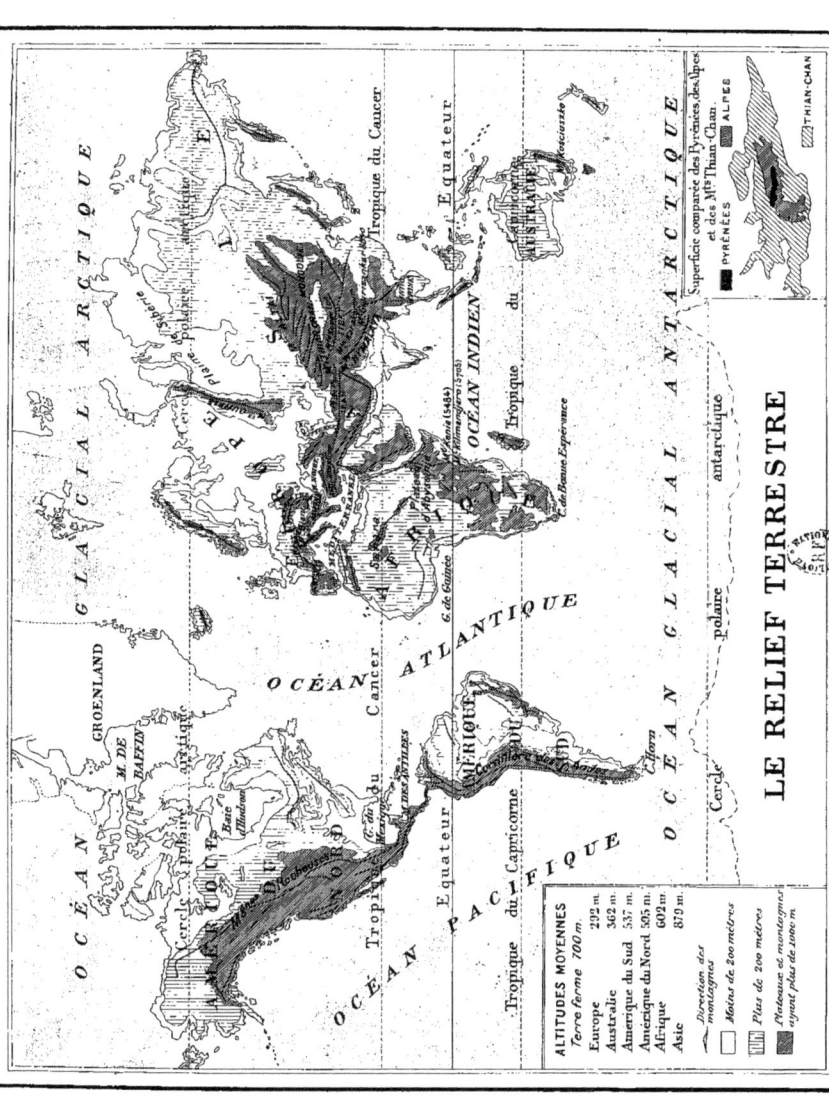

MARCEL DUBOIS et SIEURIN.

CARTE N° 6

LES EAUX COURANTES ET LES LACS

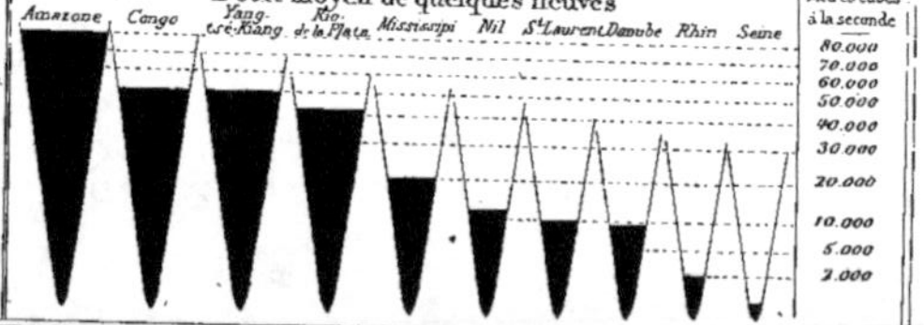

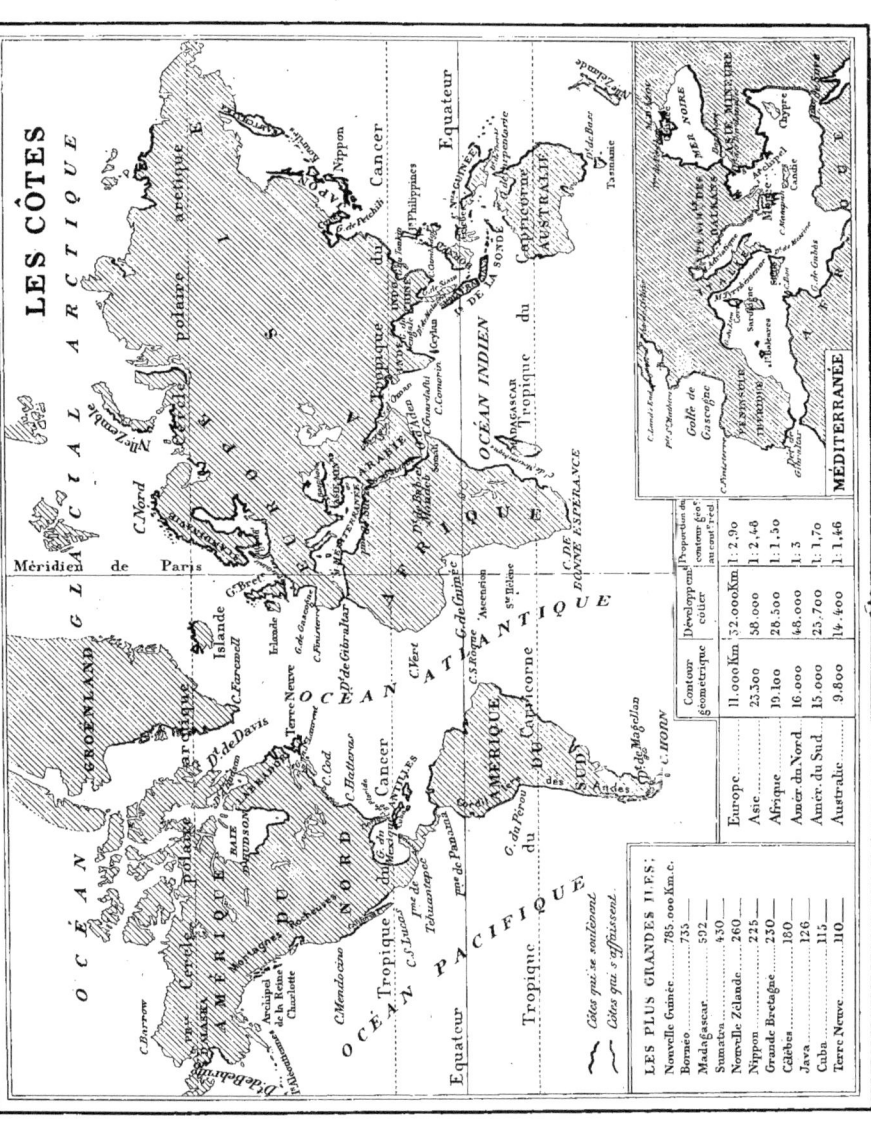

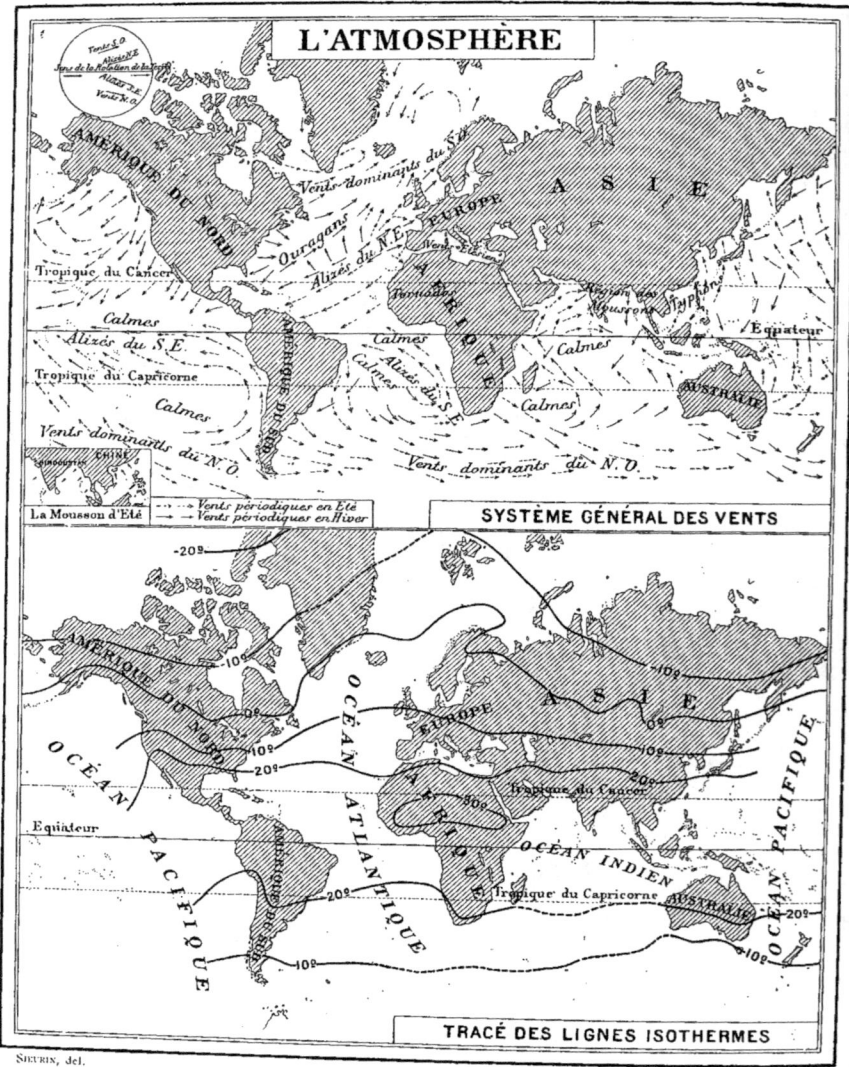

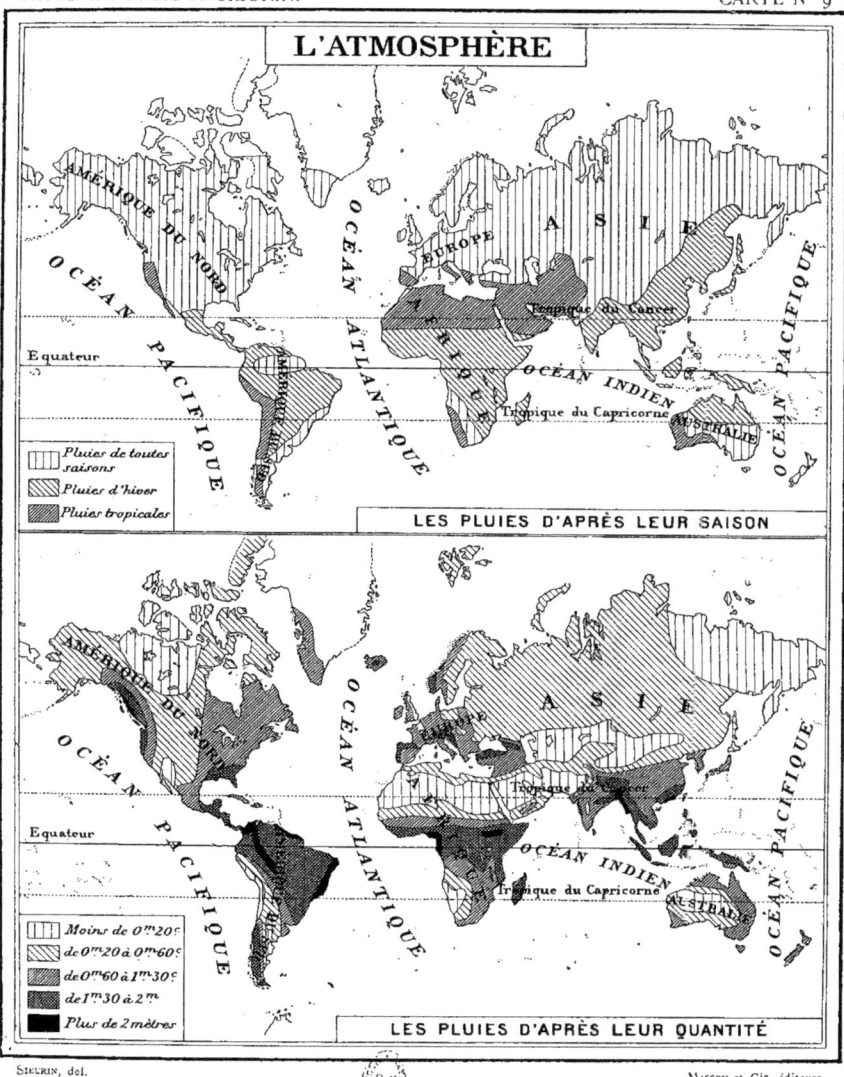

MARCEL DUBOIS ET SIEURIN. CARTE N° 10

PRINCIPALES PRODUCTIONS DU GLOBE

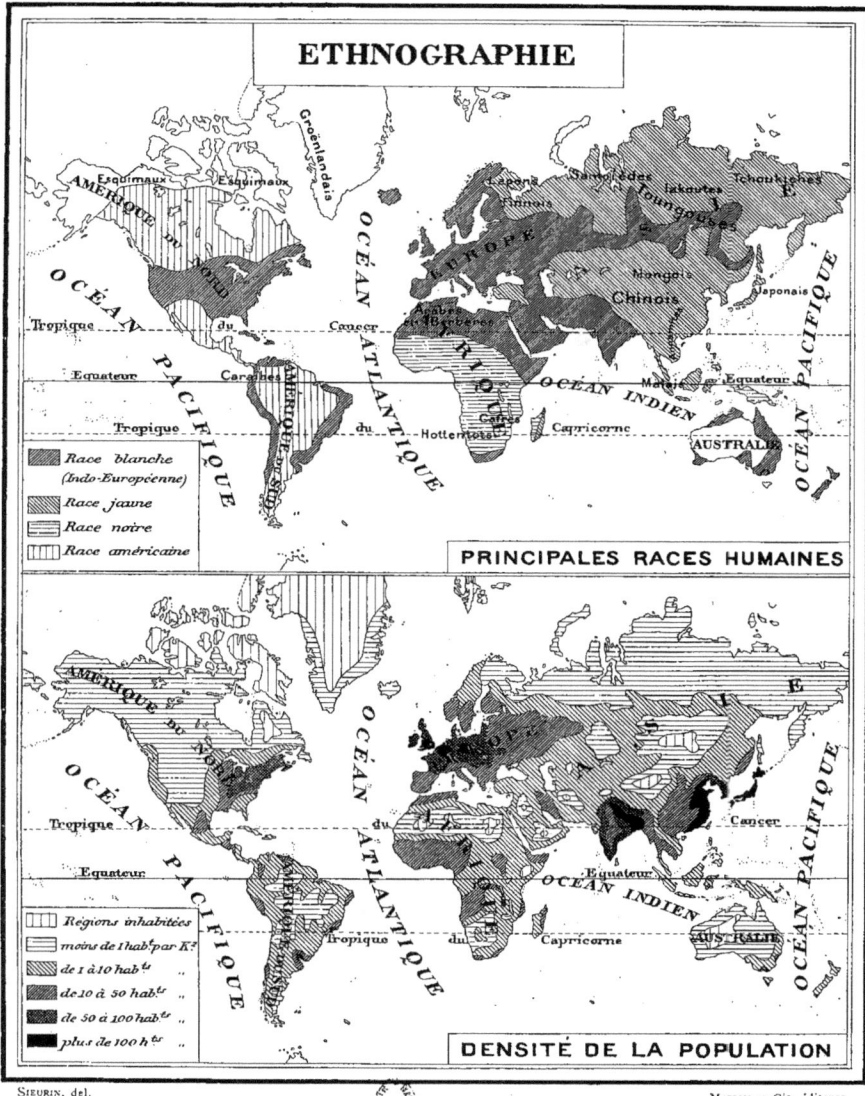

MARCEL DUBOIS ET SIEURIN   CARTE N° 12

ASIE
CARTE PHYSIQUE

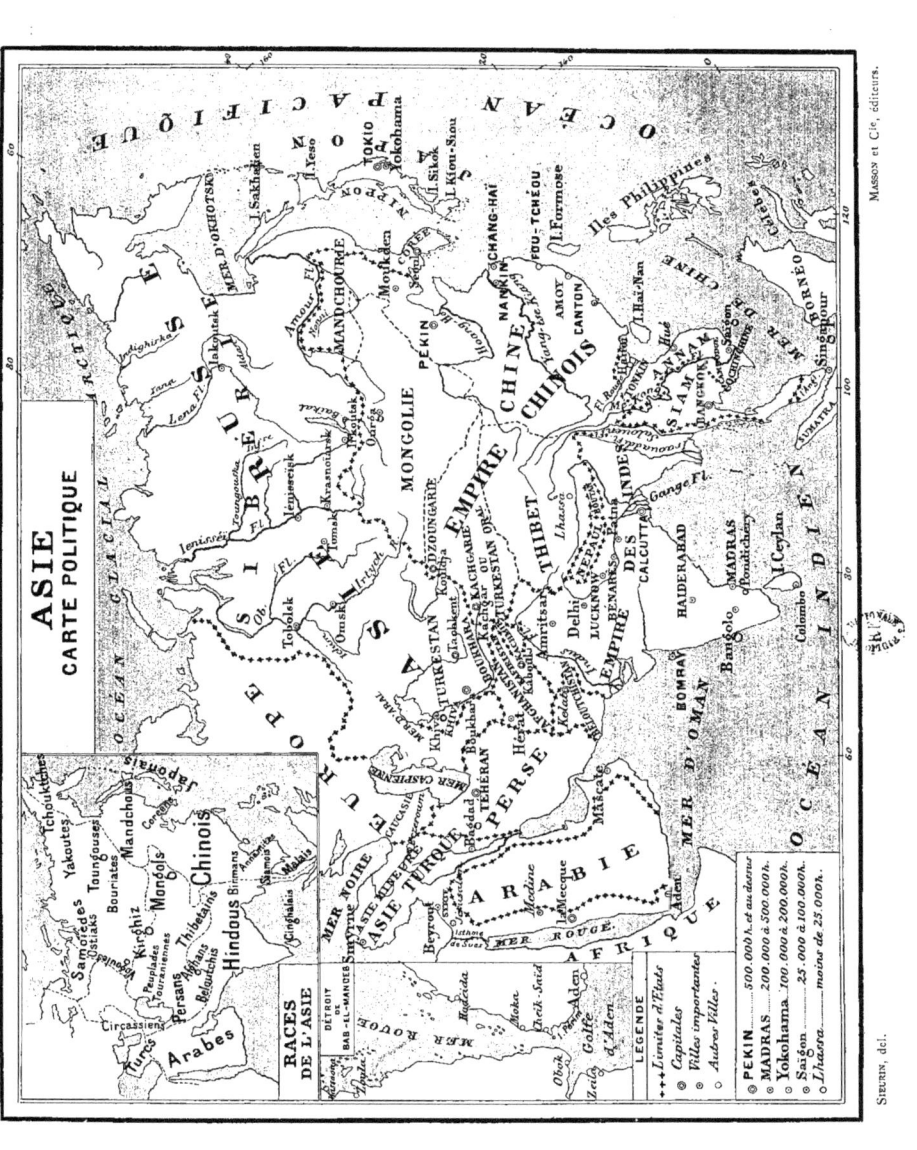

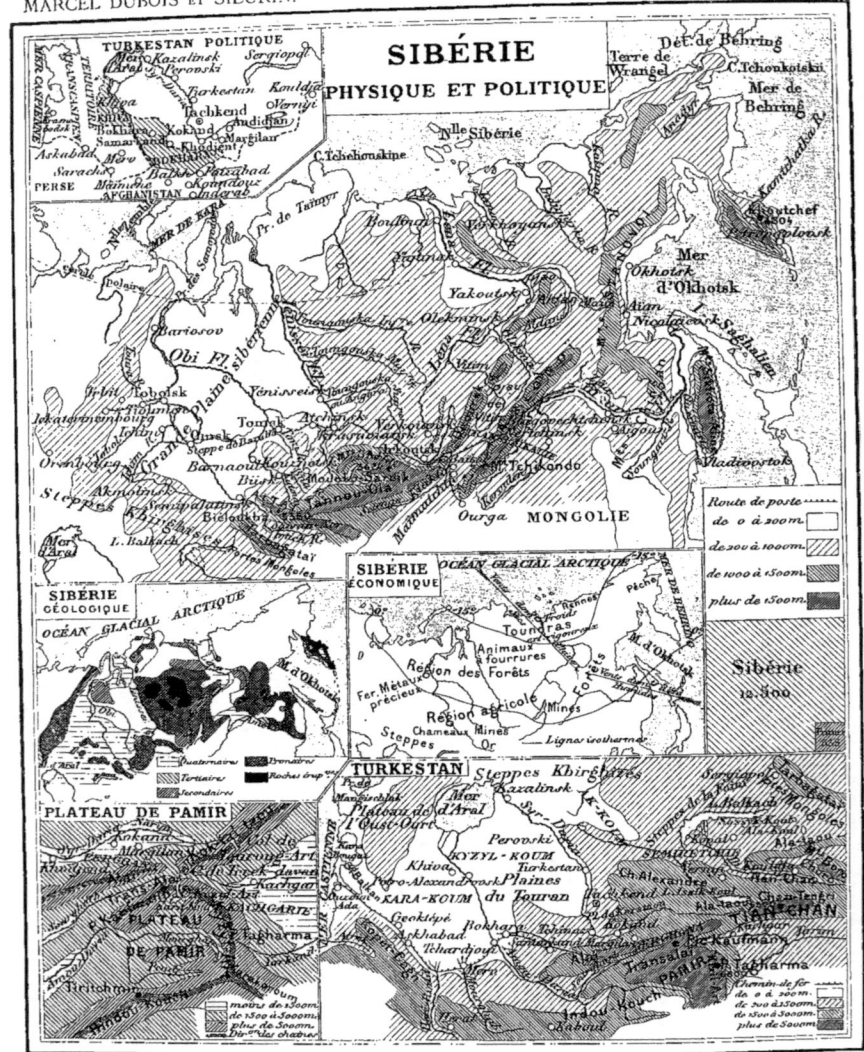

CARTE N° 15

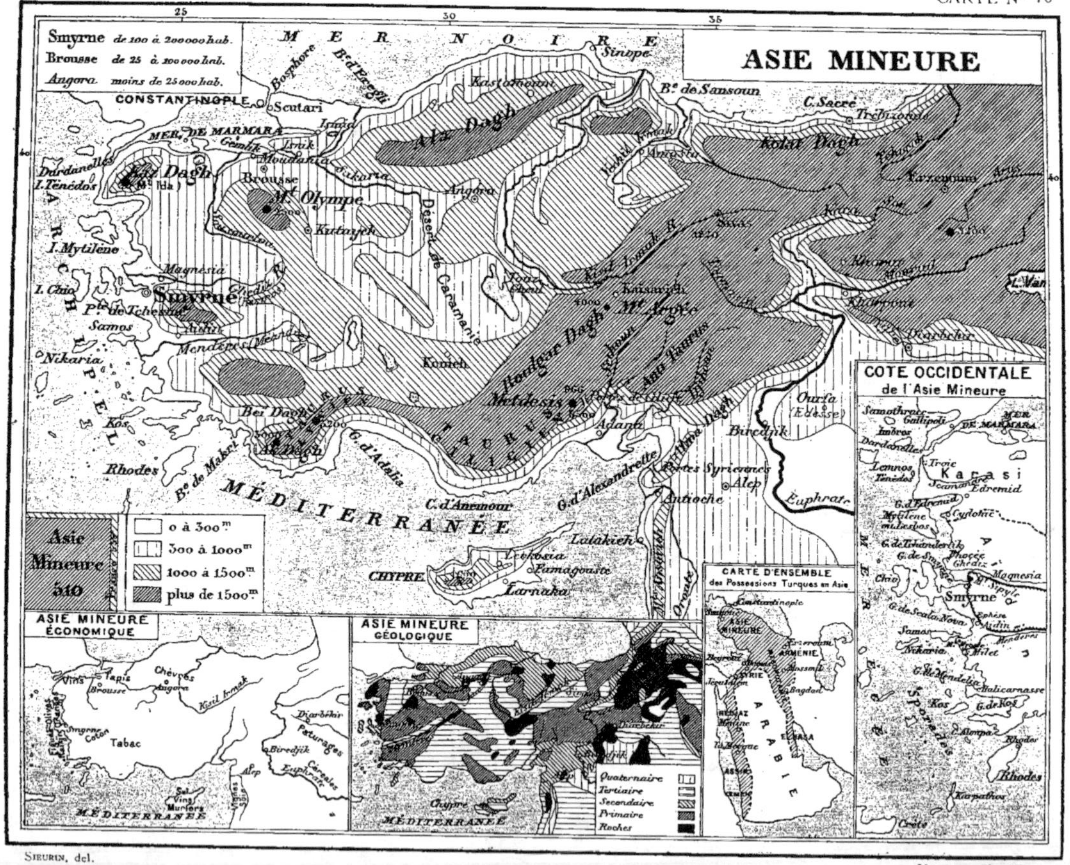

MARCEL DUBOIS ET SIEURIN.

CARTE N° 16

CARTE N° 17

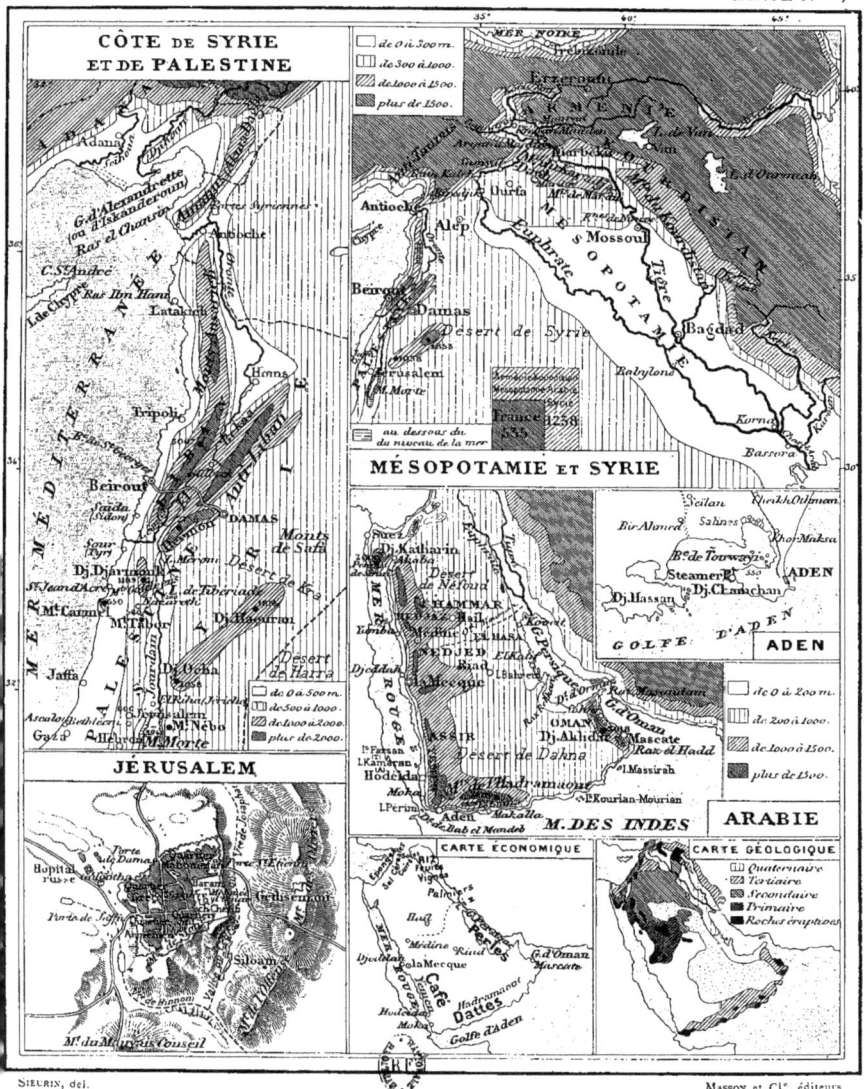

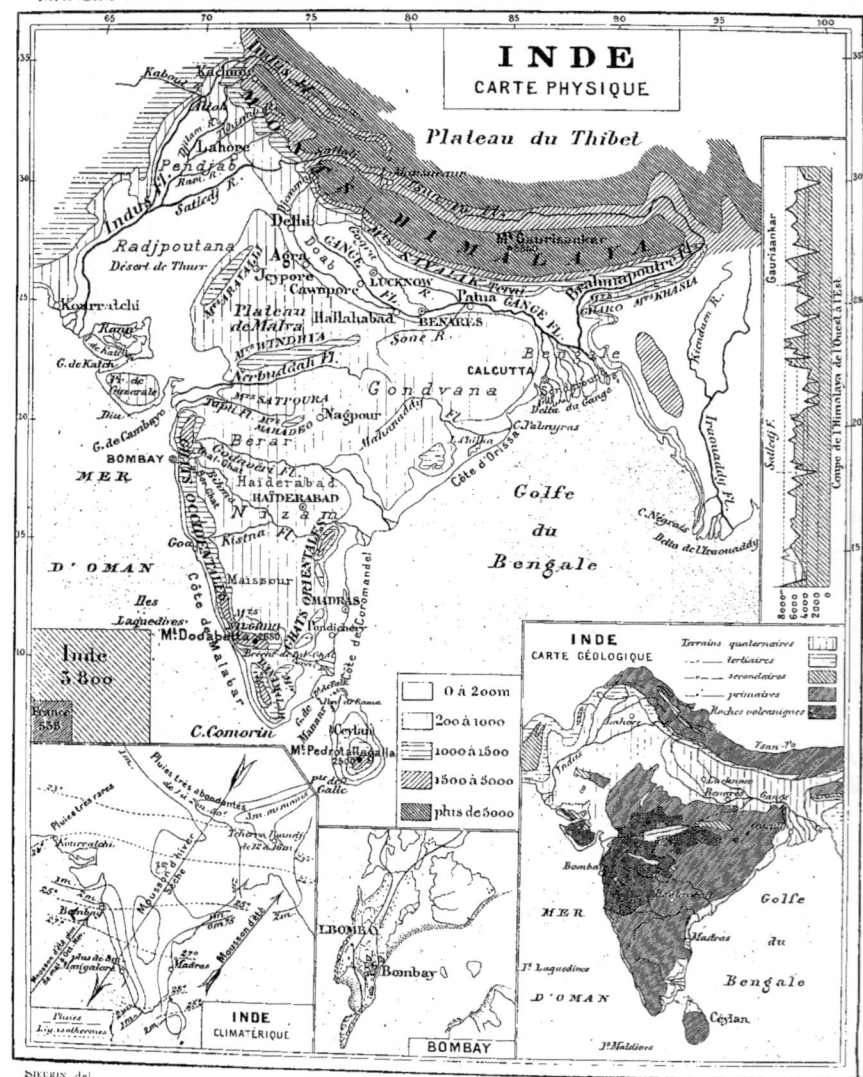

MARCEL DU BOIS ET SIEURIN. CARTE N° 20

ASIE CENTRALE

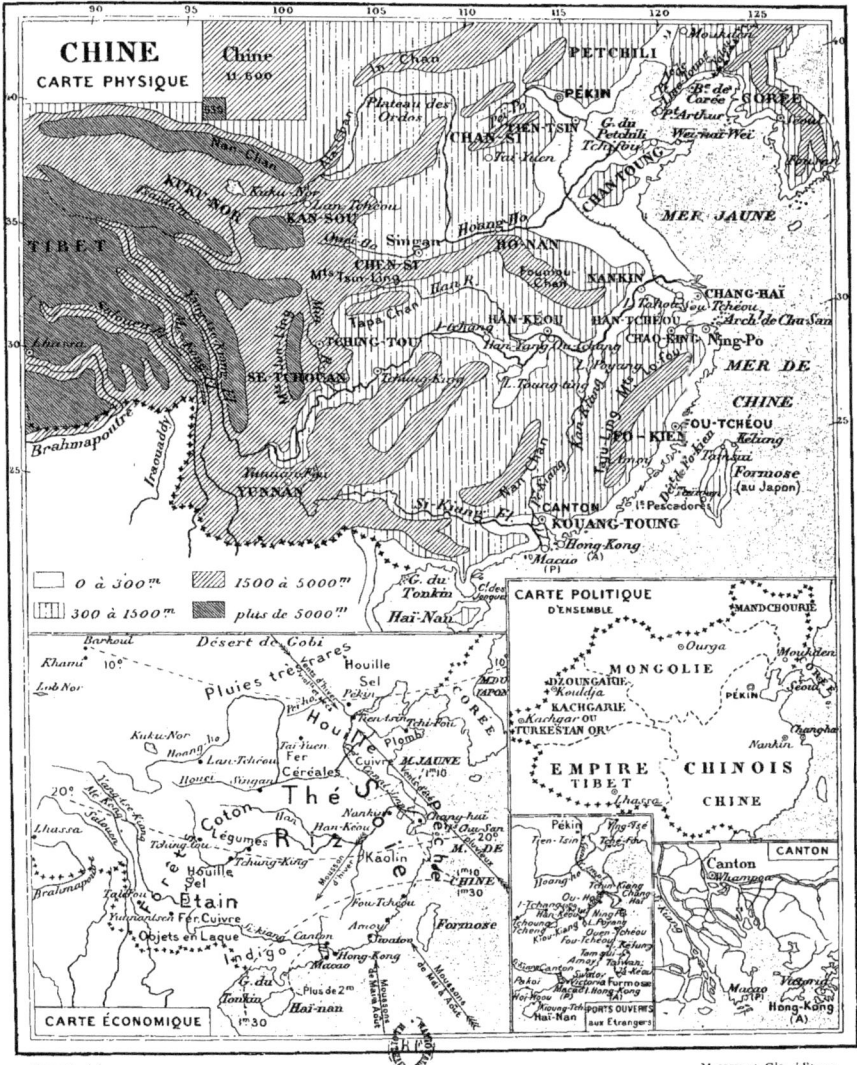

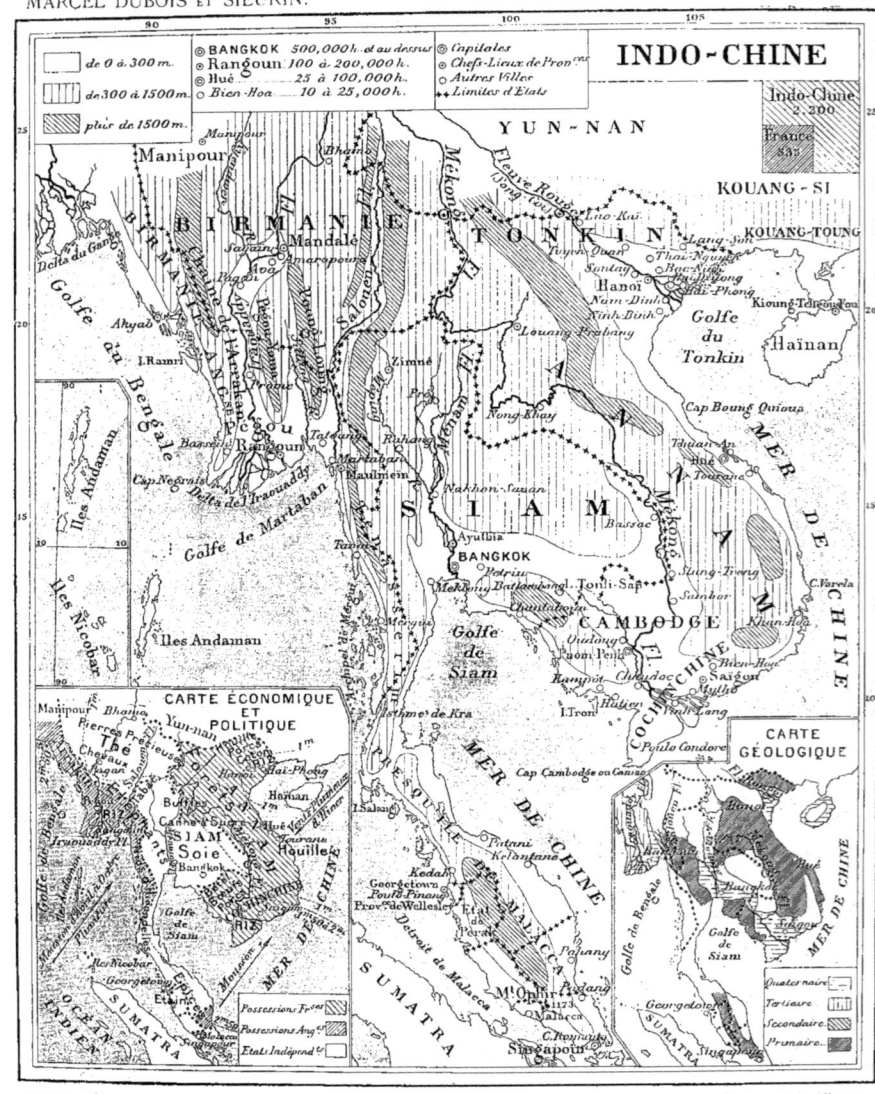

MARCEL DUBOIS ET SIEURIN.　　　　　　　　　　　CARTE N° 23

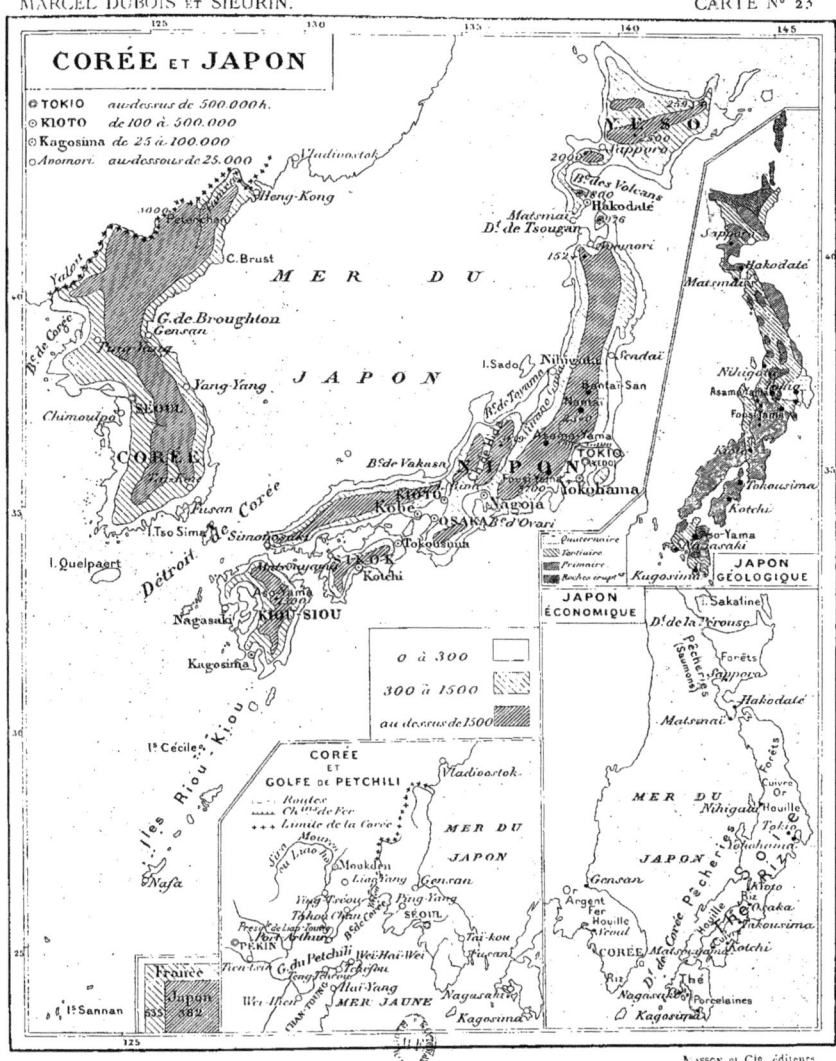

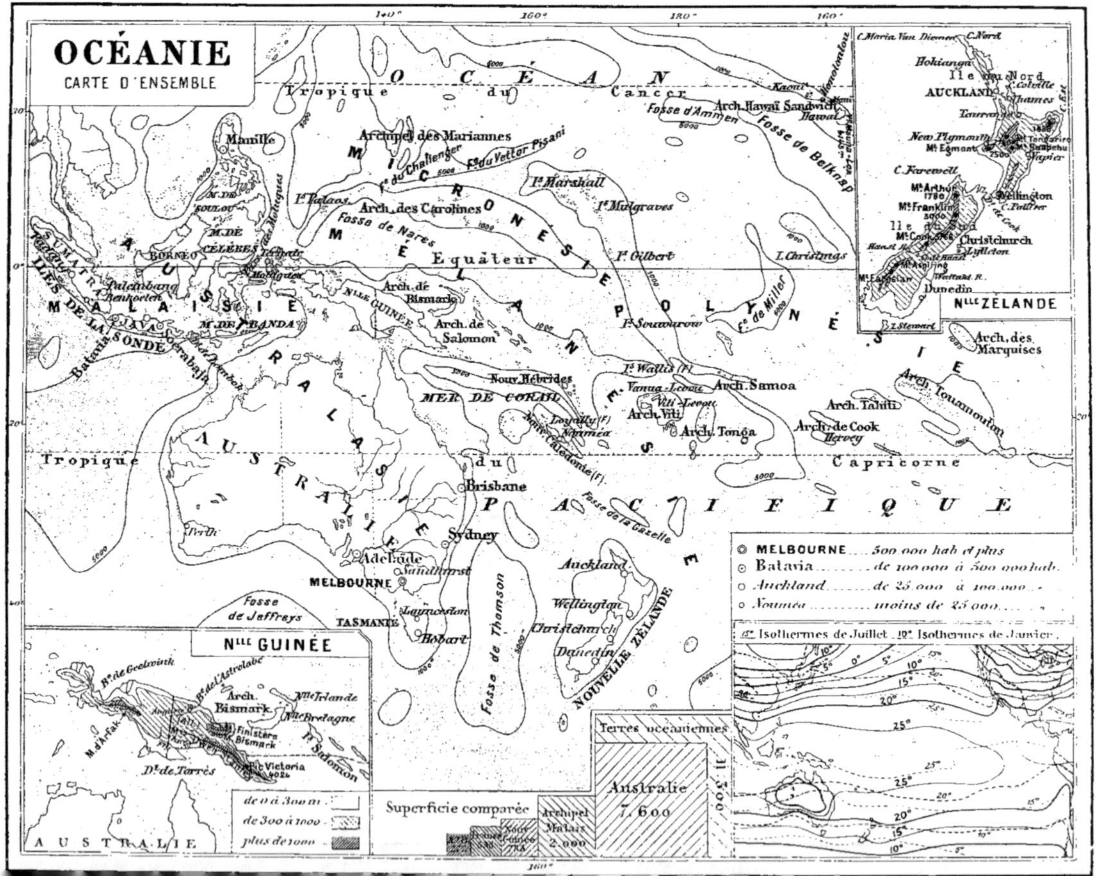

MARCEL DUBOIS ET SIEURIN.

CARTE N° 24

OCÉANIE
CARTE D'ENSEMBLE

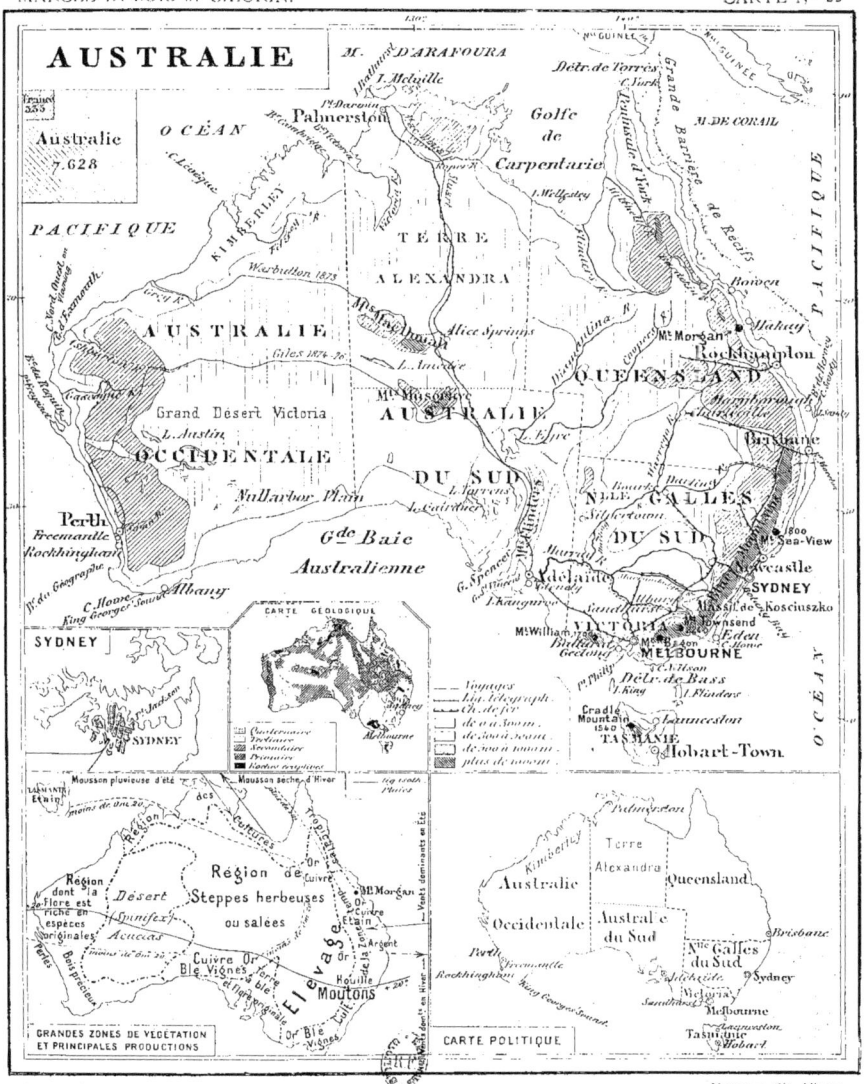

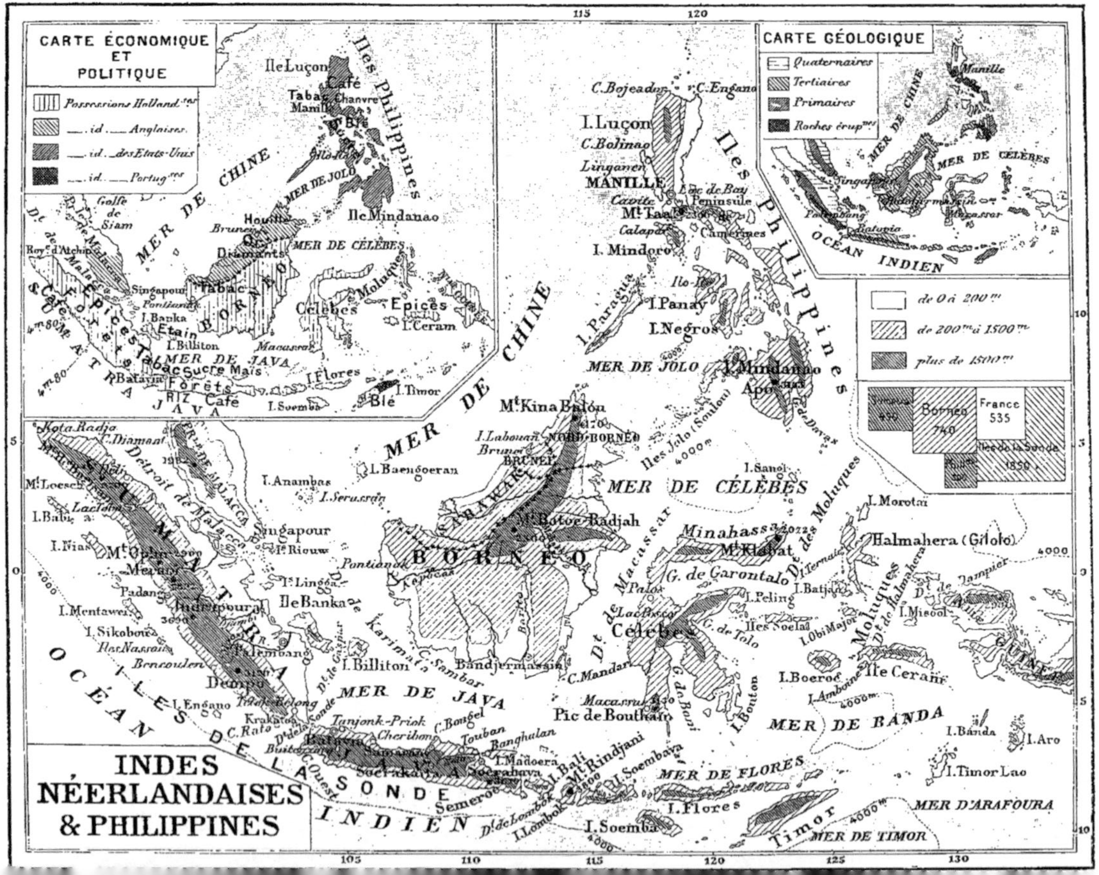

CARTE N° 26

MARCEL DUBOIS ET SIEURIN

INDES NÉERLANDAISES & PHILIPPINES

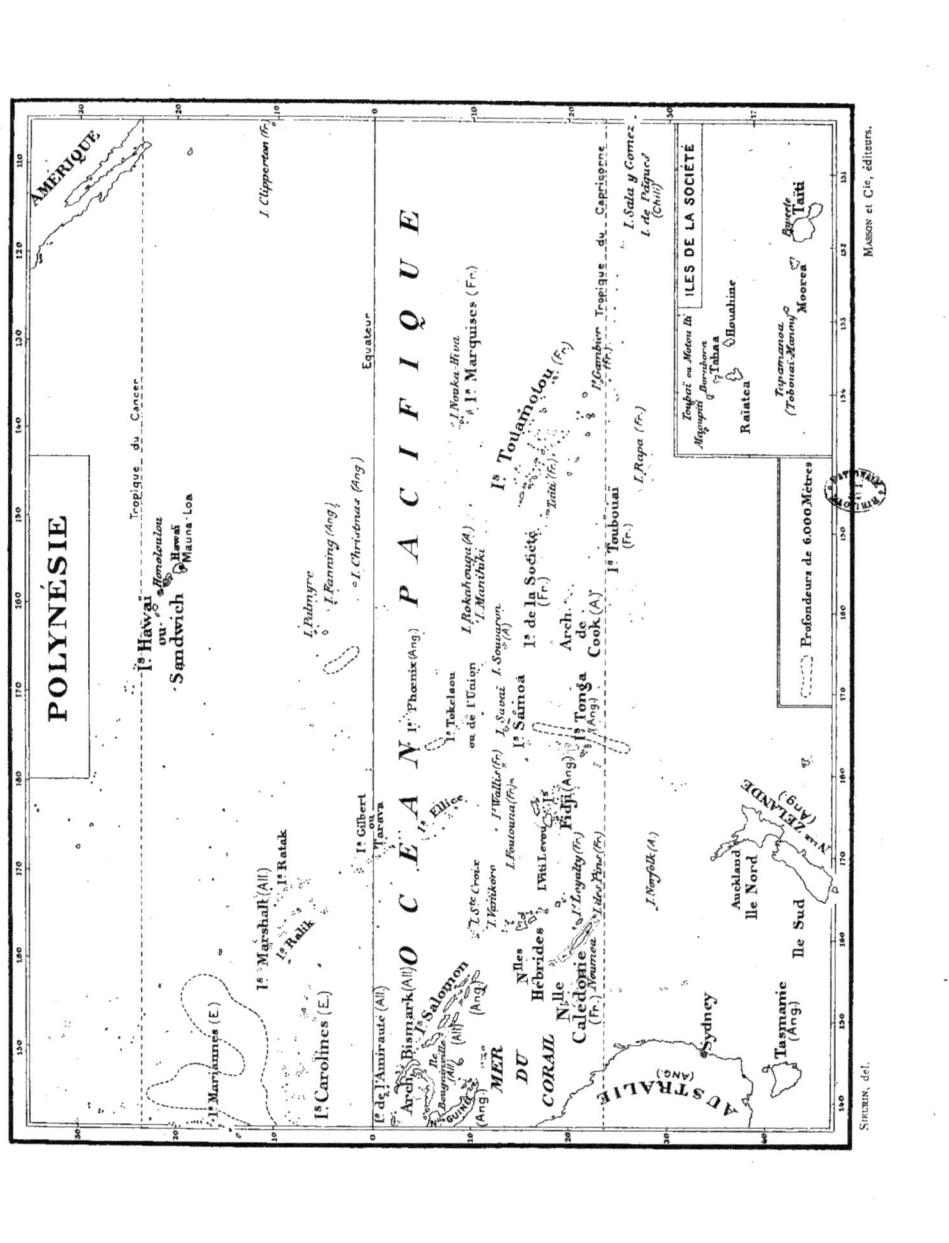

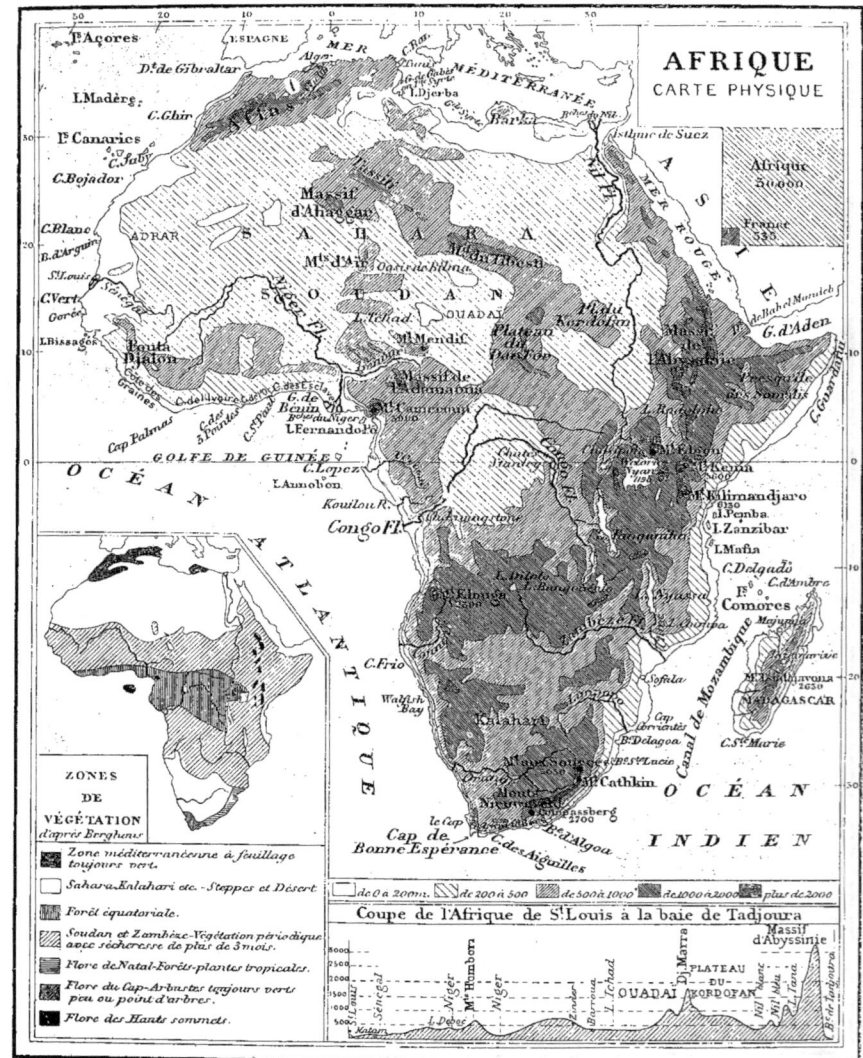

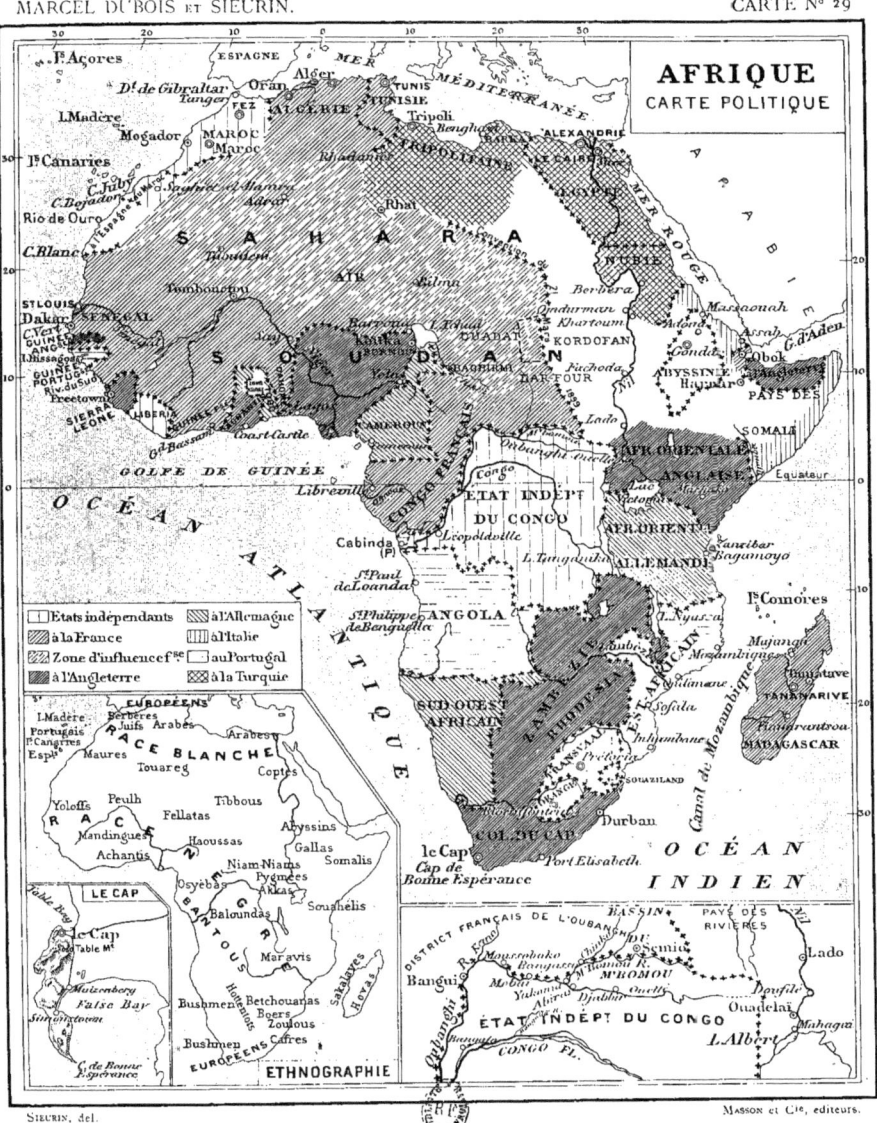

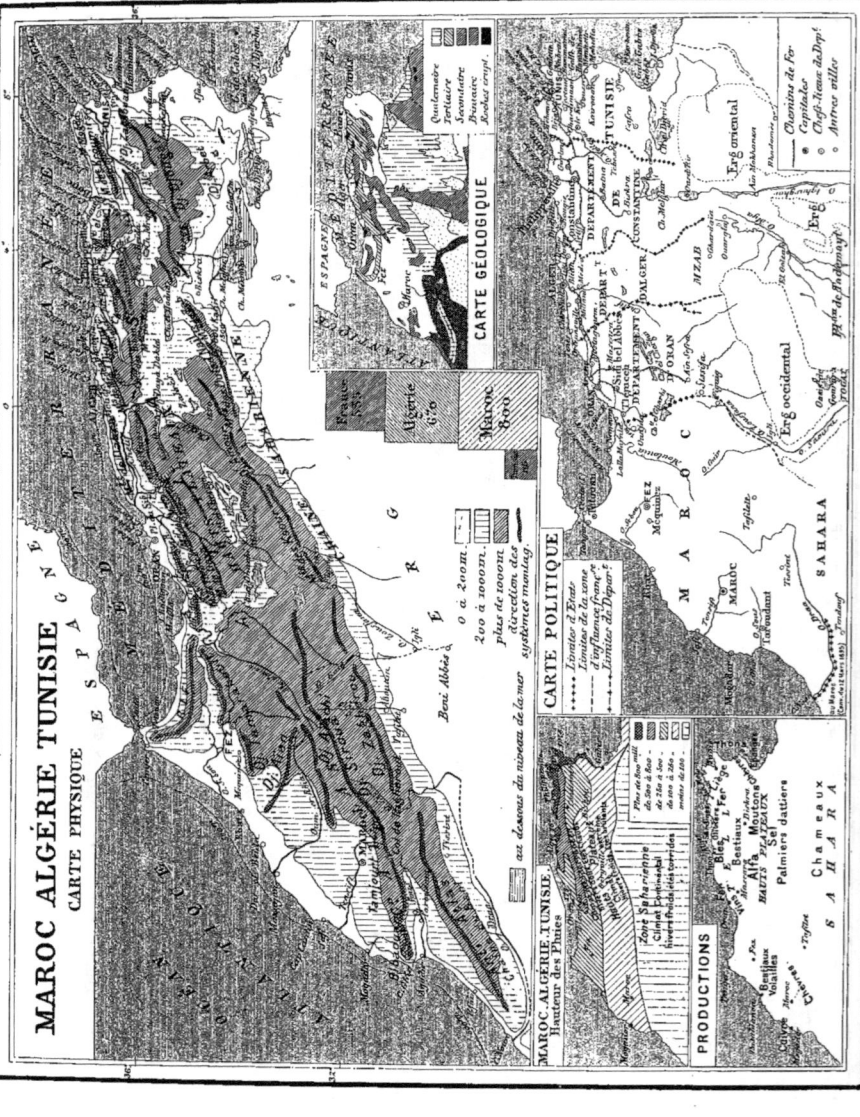

CARTE N° 30

MARCEL DUBOIS et SIEURIN.

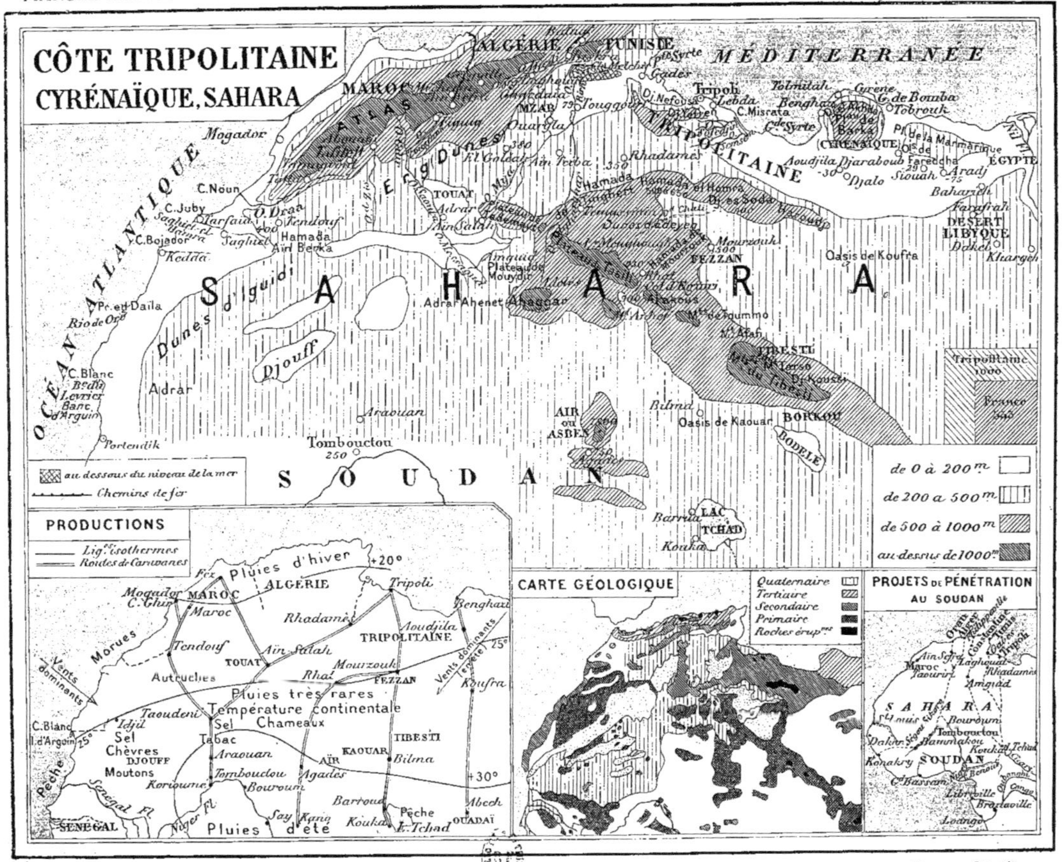

Sieurin, del.

Masson et Cie, éditeurs.

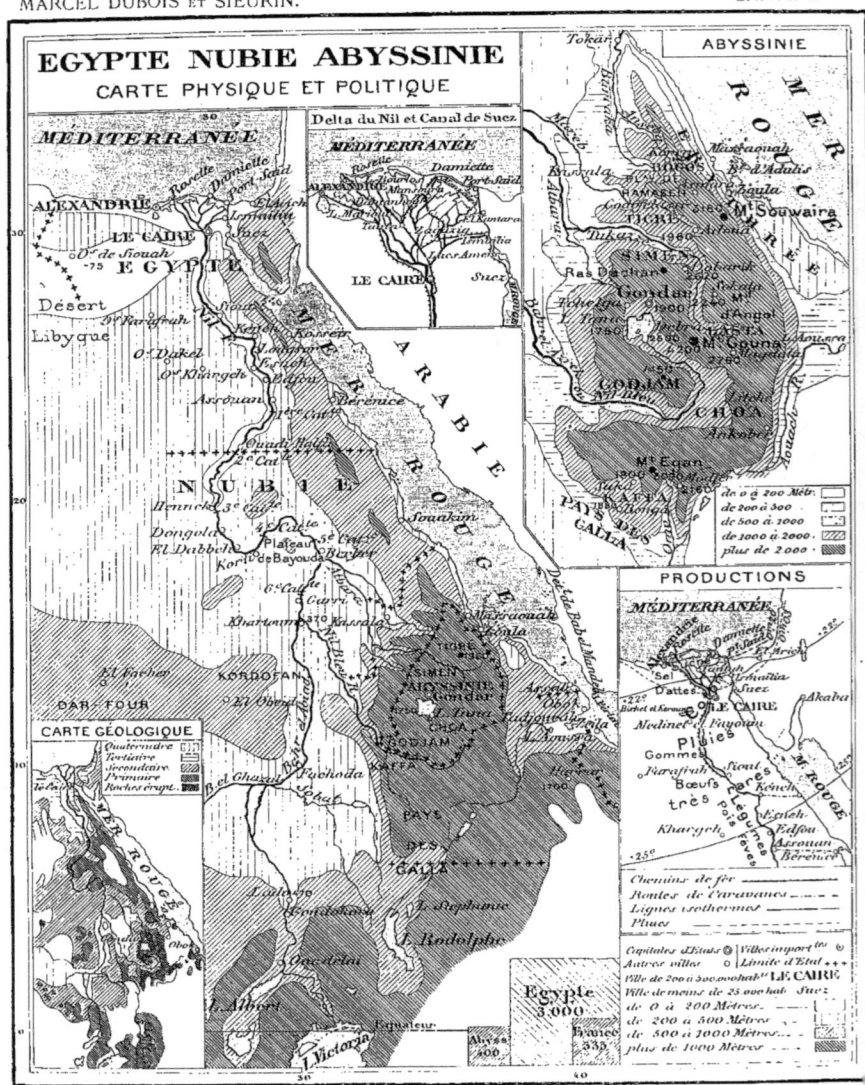

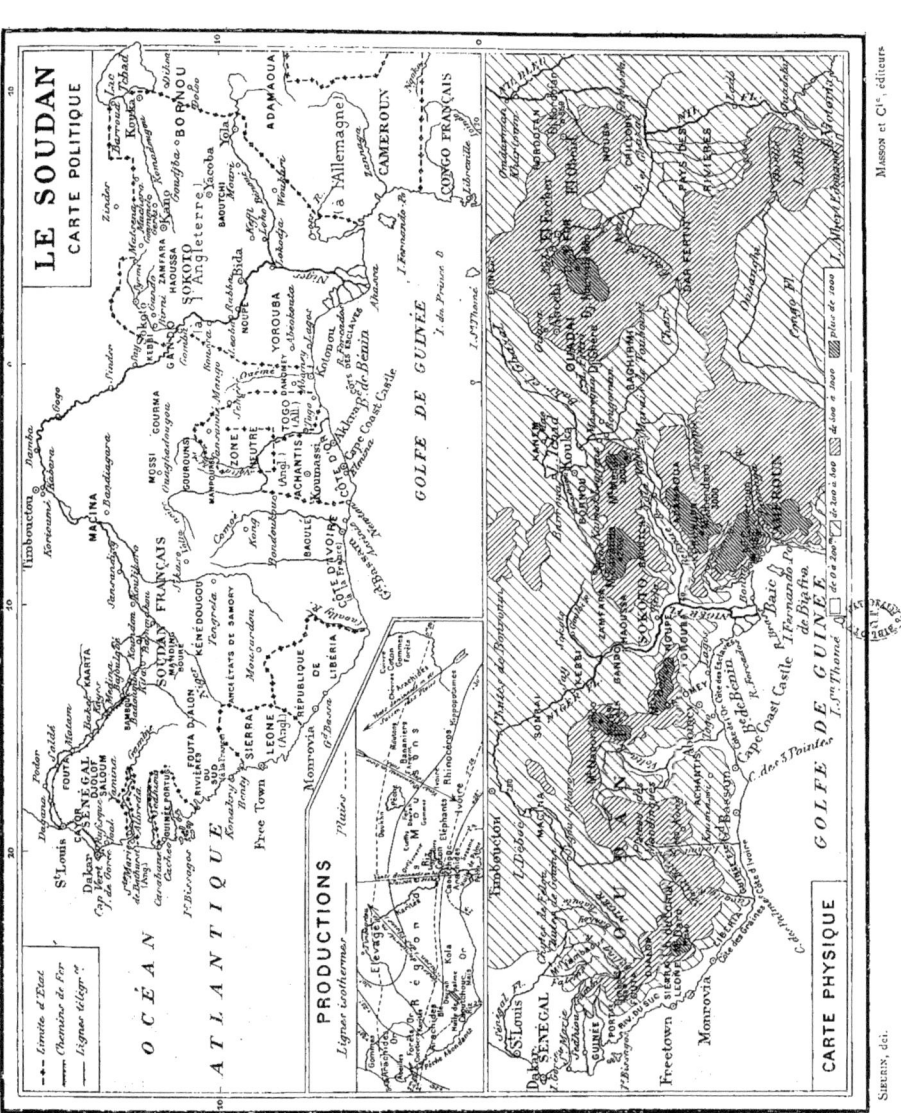

MARCEL DUBOIS ET SIEURIN.　　　　　　　　　　　　　　　　CARTE N° 34

AFRIQUE ÉQUATORIALE
CARTE PHYSIQUE

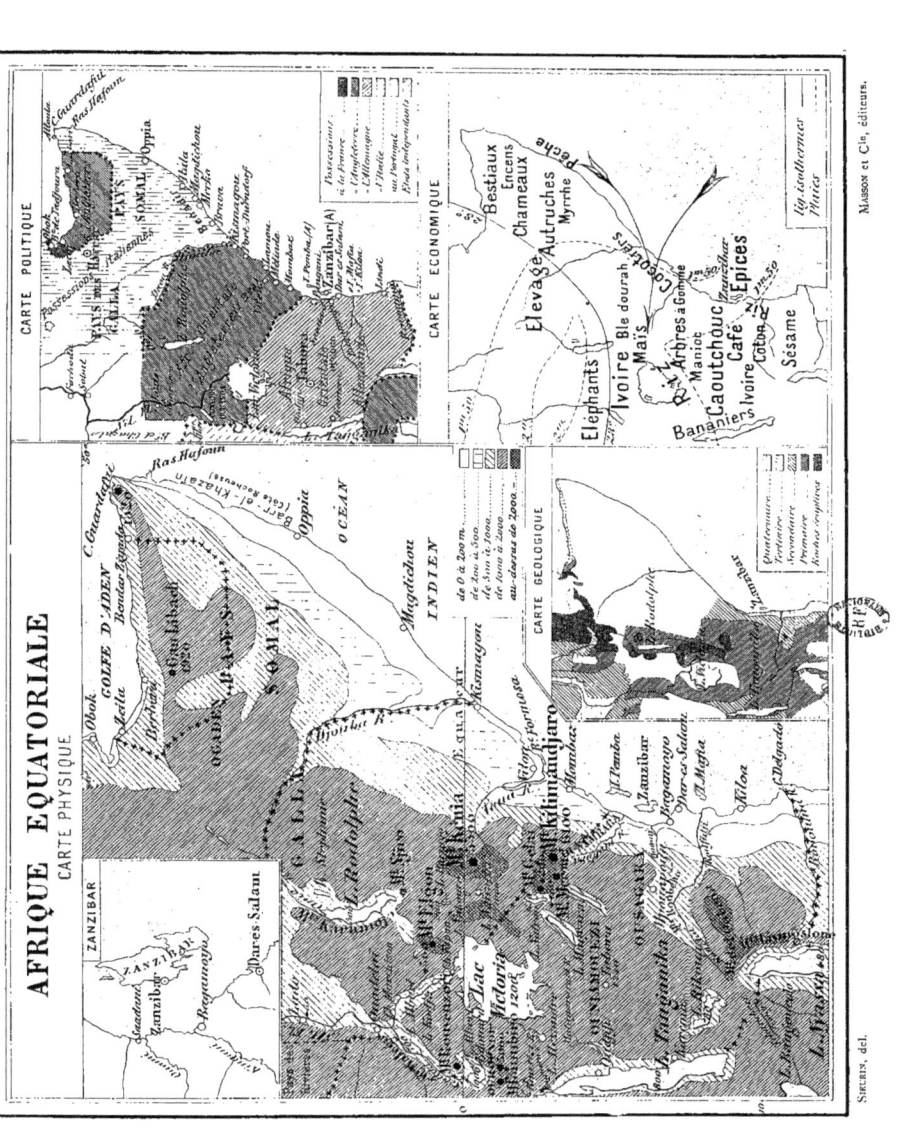

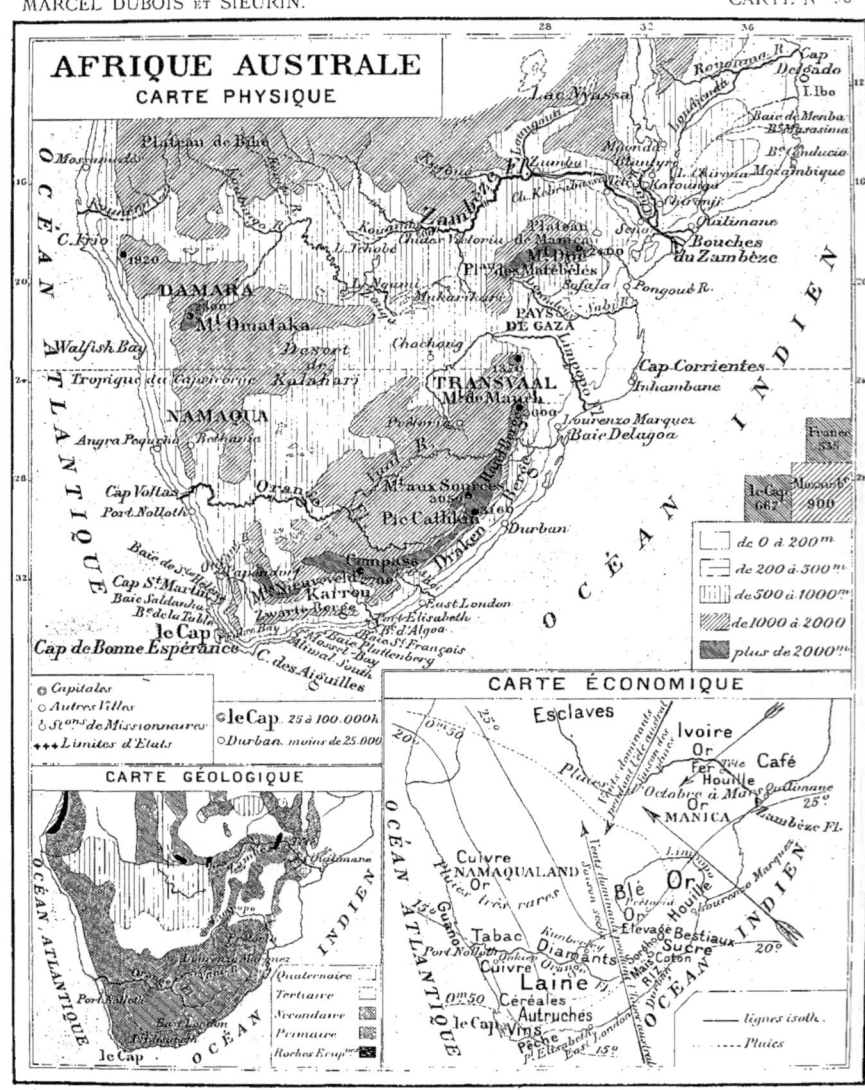

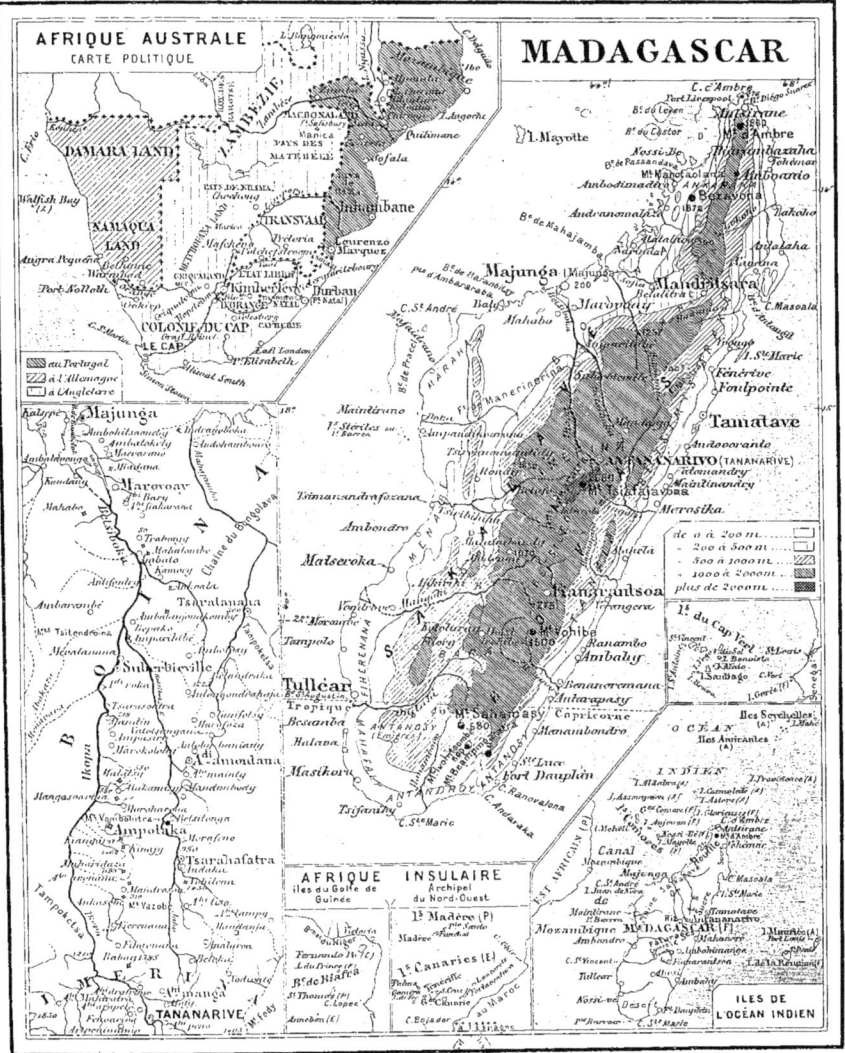

CARTE N° 37

MARCEL DUBOIS ET SIEURIN. CARTE N° 39

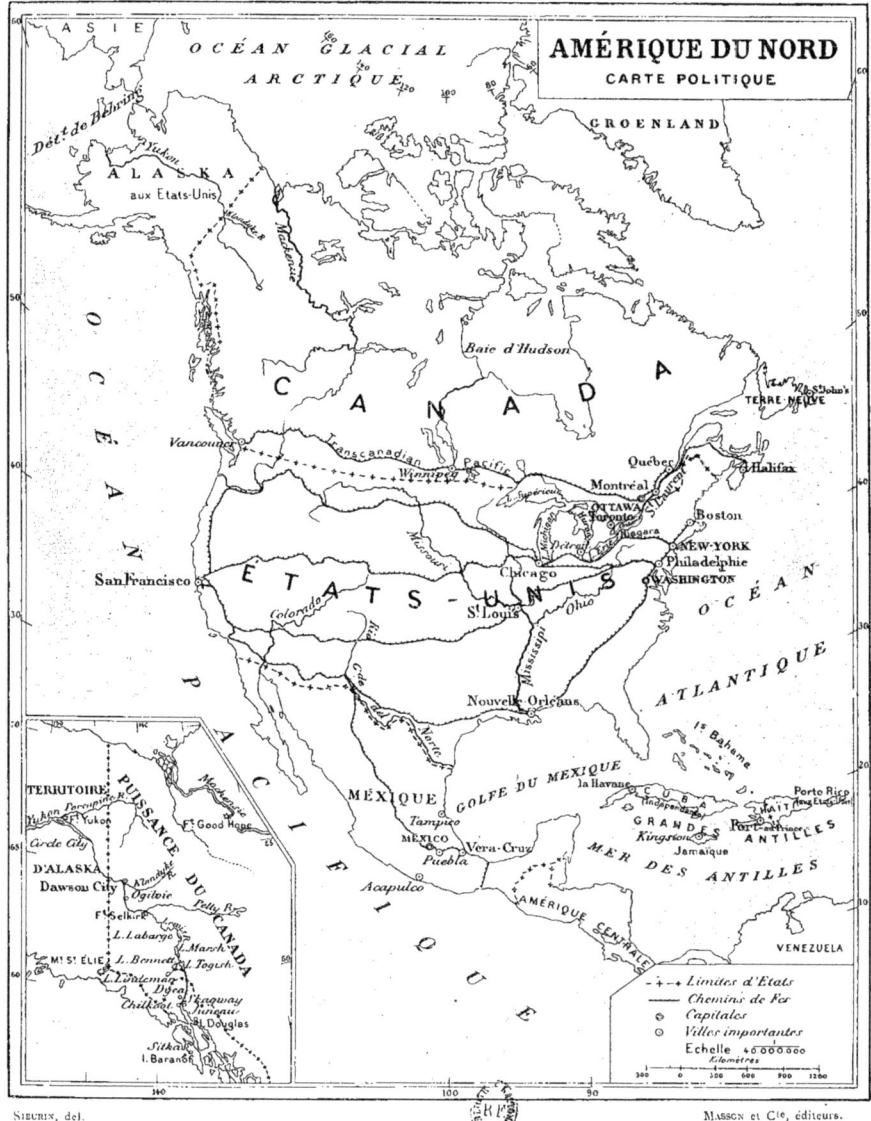

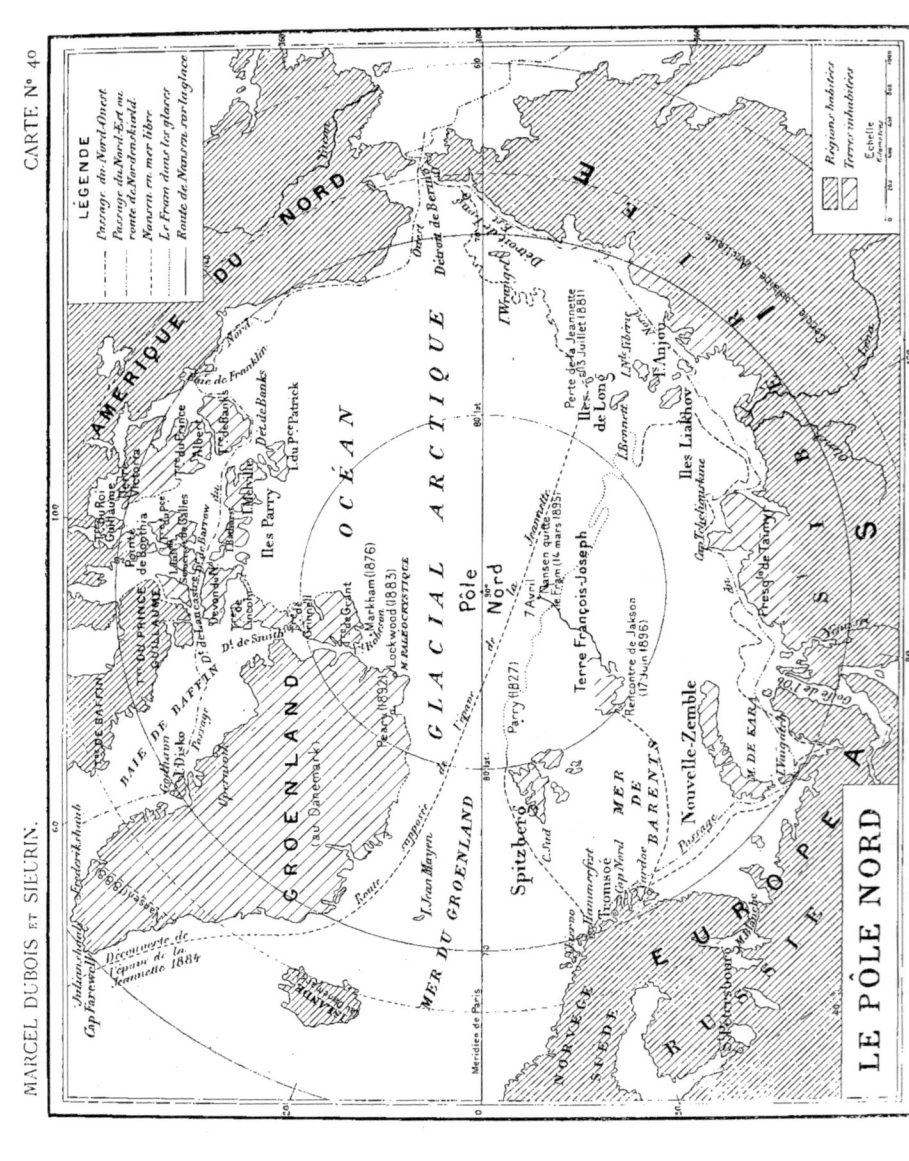

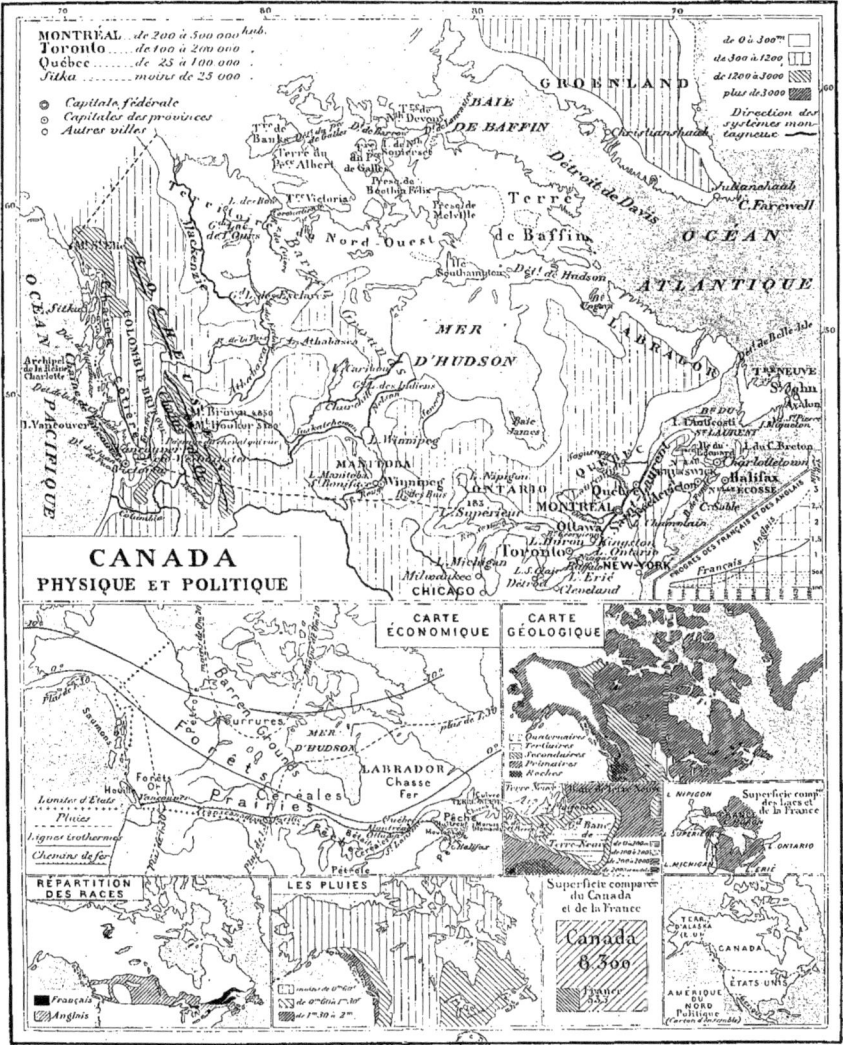

MARCEL DUBOIS ET SIEURIN. CARTE N° 42

ÉTATS-UNIS
CARTE PHYSIQUE

Masson et Cie, éditeurs

Sieurin del.

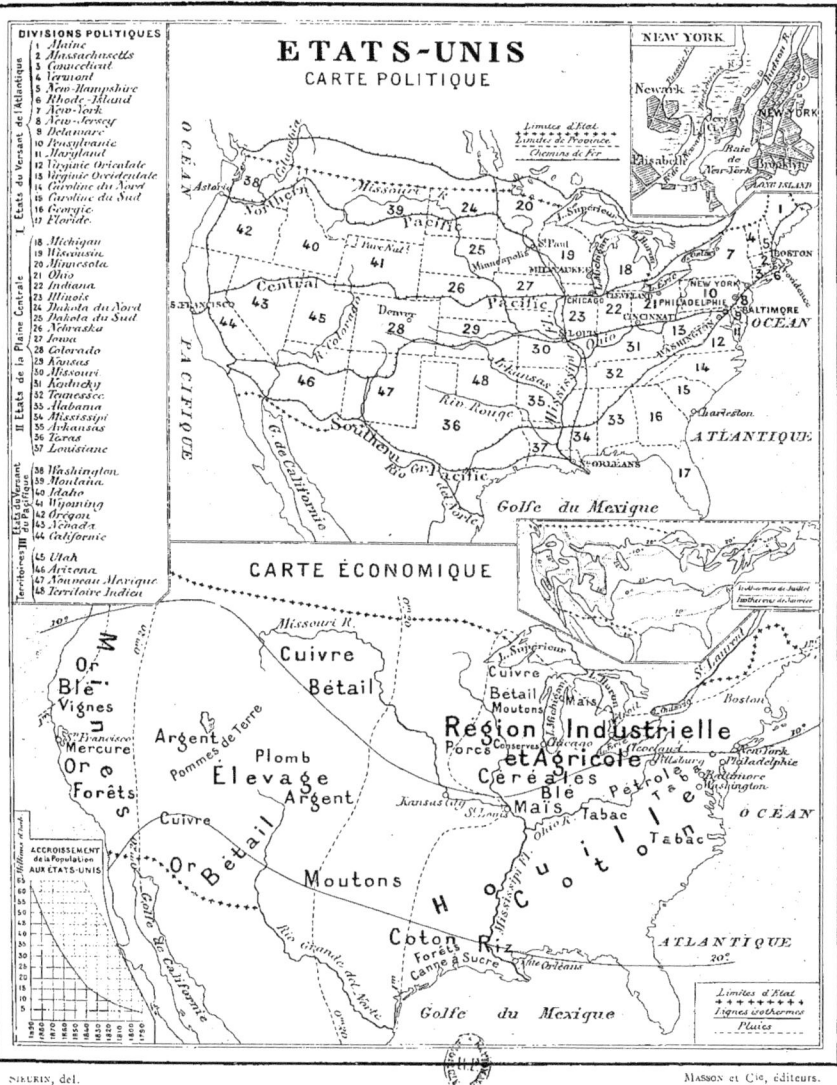

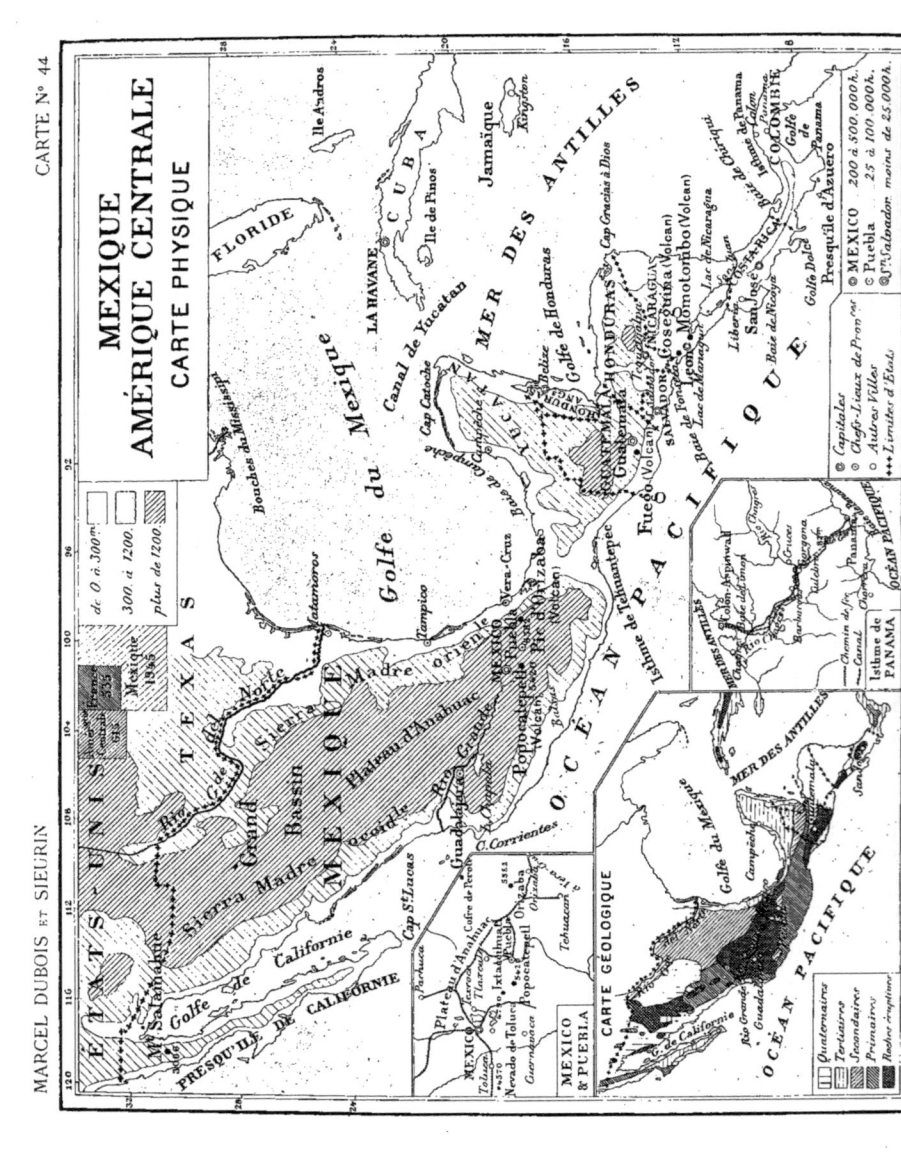

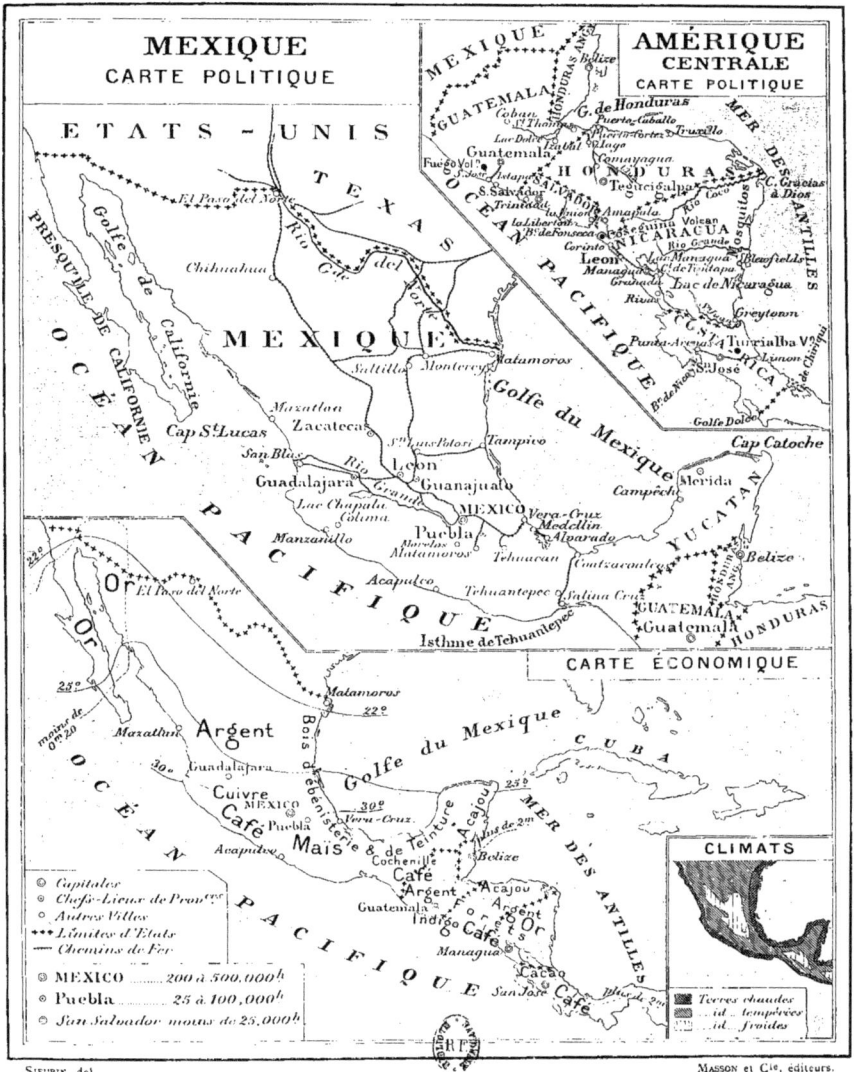

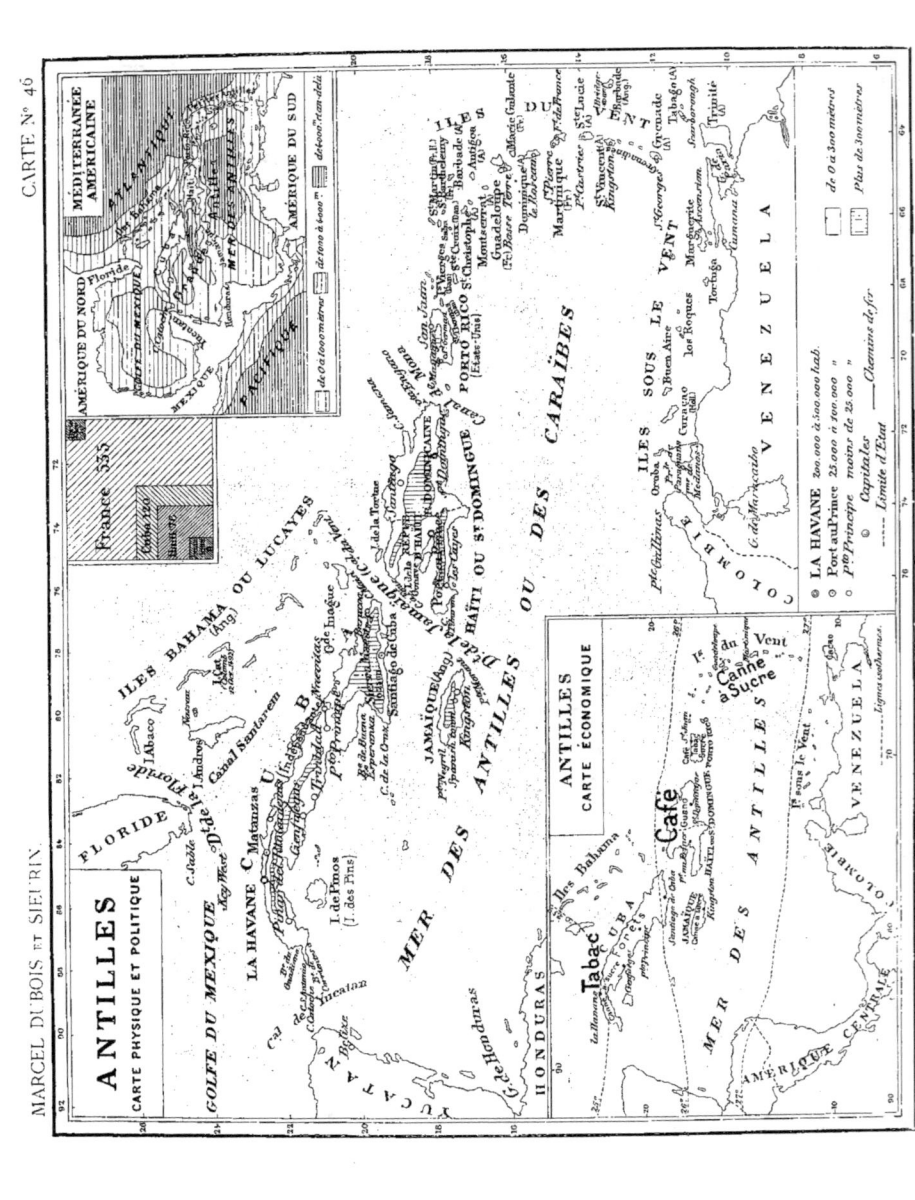

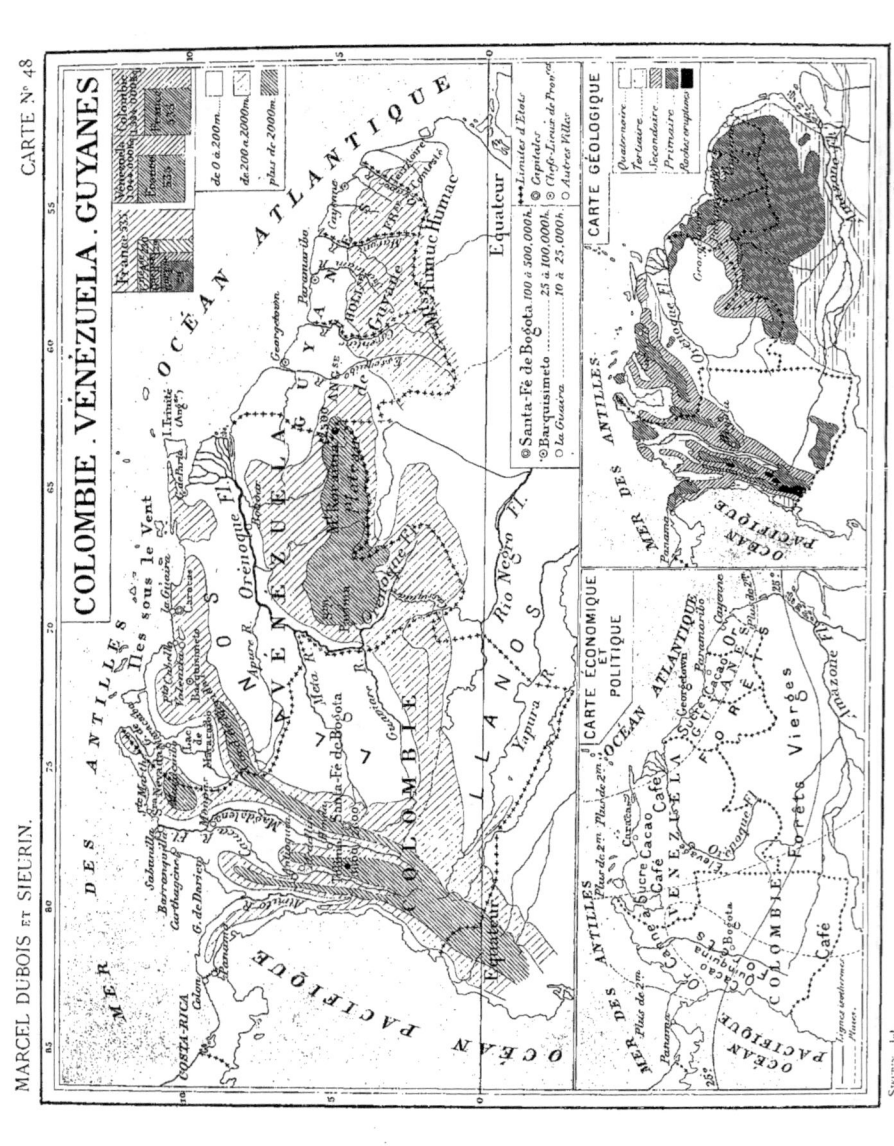

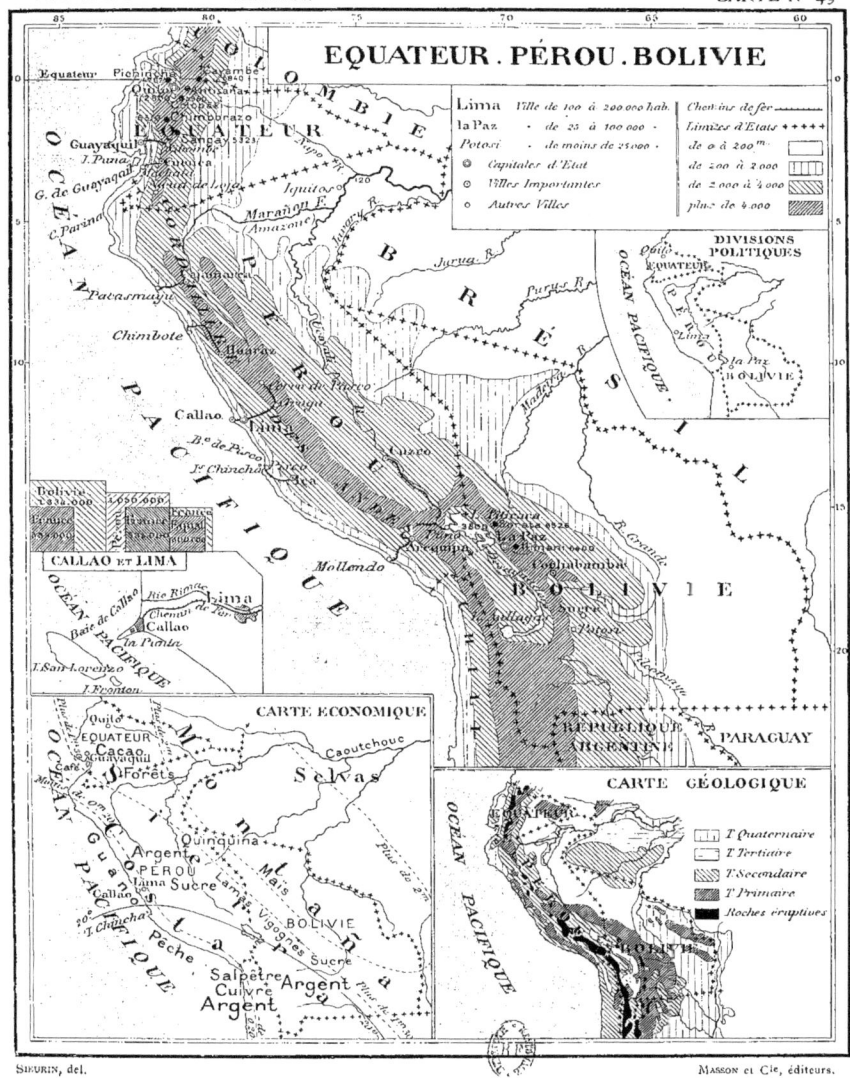

CARTE N° 49

ÉQUATEUR. PÉROU. BOLIVIE

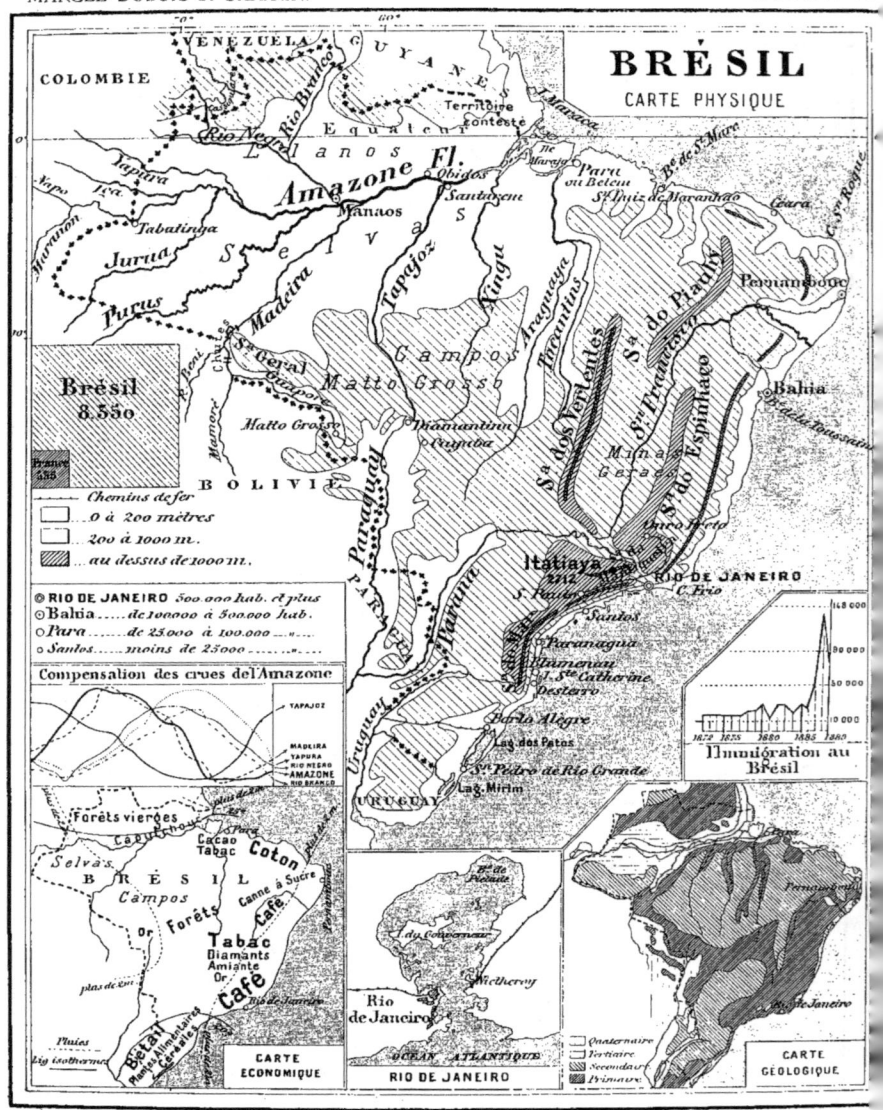

LES GRANDES VOIES DE COMMUNICATION

GRANDES LIGNES TÉLÉGRAPHIQUES

www.ingramcontent.com/pod-product-compliance
Lightning Source LLC
LaVergne TN
LVHW021733080426
835510LV00010B/1242